JUSSI

Renkipojan tie krenatööriksi

Reijo Urpilainen

JUSSI

Renkipojan tie krenatööriksi

Kustantaja: BoD – Books on Demand, Helsinki, Suomi

Valmistaja: BoD – Books on Demand, Norderstedt, Saksa

ISBN: 978-952-339-029-4

Sisällysluettelo

Alkusanat

Talvesta oli tullut kylmä. Joulun jälkeen pakkanen viihtyi mieluummin neljänkymmenen miinusasteen huonommalla kuin paremmalla puolen. Joskus 1800-luvun alkupuolella rakennettu hirsitalo kökötti lumisen metsän reunassa. Iso tupa ja kaksi kamaria. Jussi asusteli "kammarissa" yksinään ja muu väki tuvassa. Jussi oli sairastunut tautiin, jota silloin vielä pidettiin parantumattomana. Hän odotteli paikan vapaantumista Kinkomaan tuberkuloosi-parantolaan. Diagnoosi oli hyvin yksinkertainen kyläläisten mielestä: "Se lähtöö sitten Jussikin viimmeselle retkelleen."

Kuutamon laihat valojuovat luikertelevat suurien haapojen kuuraisten luurankojen lomista. Seinähirsissä paukahtelee illan kiristyvä pakkanen. Livahdan Jussin kamariin. Siellä on sänky, pöytä ja pari tuolia. Seinät on päällystetty pinkopahvilla ja talvisin pahvi aina pullistui laineille. Nurkassa lämpöä antaa Porin-Matti.

Jussi istuu yksin tuolilla uunin edessä. Suuluukun ilmanottoaukkosta, jota säädellään ruuvijengoilla pyörivällä läpällä, vilistelee liekkien loimotusta. Muuta valaistusta ei ole. Punertavat valosykäkset leikkivät uurteisilla kasvoilla ja hipaisevat pahviaaltojen harjoja hävitäkseen nurkkien pimeyteen.

Jo useina iltoina olemme pitäneet istuntoja, joissa on käsitelty Suomen itsenäisyyden alkutaipaleen vaiheita, joissa Jussi oli ollut hyvinkin intensiivisesti mukana. Muutoin ne olivat asioita, joista ei ollut paljon puhuttu. Kansakoulun historian tunneillakin annettiin ymmärtää, että se vain tapahtui ilman sen kummempia kommervenkkejä. Suomi pyysi ja Leninin johtama neuvostohallitus suosiollisesti hyväksyi asian. Olin kuitenkin kiinnostunut enemmän historiasta kuin mitä koulussa käsiteltiin. Joistakin muista lähteistä pääsin tietämään, että muutakin oli silloin tapahtunut.

Jussi ei aikaisemmin ollut sanallakaan maininnut mitään niihin aikoihin viittaavaa. Kun tilanne oli sellainen kovin lähdön tuntuinen, ahdistelin häntä kysymyksillä menneistä vuosista. Viimein sanaisen arkun lukot loksahtivat auki ja nyt meillä oli meneillään nämä iltaiset istunnot, joissa asioita setvittiin juurta jaksaen.

Ymmärtääksemme Jussin nuoruuden maailmaa ja hänen tapaansa suhtautua siihen, pitänee hiukan valaista ensin taustoja. Oli eletty iät ja ajat käsityksessä että jokin korkeampi voima sääteli ihmisten elämää. Se voima asetti omiin lokeroihinsa palvelijat ja palveltavat eikä muuta kuviteltu olevankaan. Varsinkin emämaan suunnalta oli alkanut levitä uusi ajattelutapa että korkein voima olikin ihmisellä itsellään.

Ajatuksen toteuttamnen oli aloitettu itse Venäjällä väkivaltaisella vallankumoukella, joka tuntui löytävän otollista maaperää myös Suomessa. Jussi oli nähnyt tapahtumien alkusoiton sotilaiden keskuudessa ollessaan linnoitustöissä Valko-Venäjän rintamalla. Hillitön ryöstely ja väkivalta levisi nopeasti myös siviilien keskuuteen Minskin kaupungissa. Sen kaltainen kansannousu ei sopinut yhteen hänen käsityksiensä kanssa ihmisten välisestä kanssakäymisestä. Hän toivoi, ettei moinen hyökyaalto leviäisi Suomeen.

Alaikäisenä ollessaan sidottuna sen aikaisen järjestelmän kuvioihin, hän odotti aikaa, jolloin voisi vapautua itse päättämään tulevaisuudestaan. Ratkaisu tulikin aivan yllättäen venäläisten värvätessä työvoimaa linnoitushommiin, nämä viittasivat kintaalla suomalaisten lakipykälille ja alaikäinen Jussi kelpasi muitta mutkitta lähtemään keisarin palvelukseen. Lapsesta asti työskennellessään olosuhteissa, joita orjuudeksi luokiteltiin, Jussi ei sisäiseltä olemukseltaan tuntenut itseään orjaksi. Hänestä työnteko ei kuitenkaan ollut vastenmielistä. Varsinkin kun oli jotain oikein näkyvää tullut aikaan, niin illalla väsyneenä hän tunsi tyydytystä aikaansaannoksistaan. Isännätkin olivat asian huomanneet ja häneen suhtauduttiin sen vuoksi tietynlaisella hyväksyttävyydellä.

Pienenä esimerkkinä olkoon tapaus, kun Jussi oli päättänyt erinäisten kiemuroiden jälkeen asettua paikoilleen, hän halusi ostaa vaimonsa perikunnan myynnissä olevan paikan itselleen. Rahaa vaan ei ollut tarpeeksi. Niinpä hän aikaisin maanantaiaamuna käveli erään ison tilallisen luokse, jossa oli silloin tällöin renkinäkin ollut ja esitti isännälle asiansa.

Isäntä löytyi tallista valjastamassa hevosta. Muitta mutkitta tokaisi Jussi: "Minä sitten päätin ostaa sen mökin, että lainaatko rahat?" Isäntä hetken sulattelee kysymystä ja vastaa: "Ei kait niin kiire ole, että tuon hevosen valjastan." Jussi kyllä sen verran malttaa odottaa. Kun hepo on valmis, taluttaa isäntä sen pihamaalle ja sitaisee suitsista kuistin tolppaan kiinni.

Sitten mennään tuvan läpi peräkammariin, jossa piirongissa on lukollinen laatikko. Isäntä kaivaa plakkaristaan avaimen ja vetää laatikon auki. Siellä on jokseenkin muhkea käteisvaranto seteleitä. Kysyy vaan, että "minkä verran pitää olla?" ja latoo sitten Jussin mainitseman summan rahoja käteen.

Jussi meinaa että "teepä sitten se velkakirja, niin käväsen takuumiehiltä nimet siihen." Isäntä vaan, että "mitästä turhia, sanot milloin maksat takaisin ja sillä selvä." Jussi vielä, että "paljonko korkoa sitten päälle, niin vuoden päästä saat takaisin." "Ei tässä tarvitse koroilla elää" toteaa isäntä, "saman kun maksat niin hyvä on."

Ei se Jussi likikään kaikista isäntien metkuista tykännyt, mutta väkivaltaisen muutoksen tekeminen ei käynyt häneen pirtaansa. Silloin, kun tilanne muuttui sellaiseksi, että halusipa taikka ei, niin oli puolensa valittava, hän asettui väkivaltaista muutosta vastaan. Kukaan ei olisi saattanut arvata, miten itsenäistyvä kansakunta alkoi raadella itseään verisille haavoille.

VESILAHTI 1918

On huhtikuun kahdeksannen päivän myöhäinen ilta. II krenatöörirykmentin Jyväskylän pataljoona on tullut päivänmittaan Tampereelta Moision pysäkille junalla ja siitä edelleen Lempäälän kautta marssien Vesilahden kirkonkylään. Miehet ovat innostuneen tunteen vallassa. Hatanpään pellossa kärsityn katastrofin seuraukset hävisivät pitkällisen vartiopalveluksen aikana Viikinsaaressa ja myöhemmin Tampereella ne muuttuivat vastenmielisiksi.

Ulkonaliikkumiskiellon valvonta katupartiossa varsinkin öisin oli tympeän makuista. Sala-ampujat väijyivät ja haamujen lailla hiippailevat onnettomat ihmiset piti toimittaa kuulusteluihin tai karkuun yrittäissä ampua. Vihdoin oli päästy liikkeelle. Ja maalaistaloon majoitettuna oli illan hämärtyessä päästy saunan lämmitykseen viikkojen mittaisen jakson jälkeen. Kylpeminen piti jättää pimeälle, että lämmityksestä nouseva savu ei houkuttelisi punaisten tykkimiehiä kokeilemaan osumatarkkuuttaan.

Kolmannen komppanian saunaporukan viimeinen ryhmä oli vielä lauteilla ja komppanian päällikkö mukana. Saunan ovi aukeaa ja hätäisen oloinen mies ryntää sisään kysyen "kuka täällä päällikkö on?" Teologian ylioppilas nuori jääkärivänrikki ilmoittautuu huurupilvestä. Mies ilmoittaa olevansa lähetti, jolla on käsky komppanialle. Päivän raskaissa taisteluissa punaiset ovat valloittaneet Suomelan kartanon ja edenneet aina Rahoilaan saakka. Nyt on tullut tieto, että nämä ovat perääntyneet takaisin Suomelaan. Komppanian tulee välittömästi ottaa Rahoila haltuunsa. Vänrikki ryhtyy välittömästi toimiin ja pian on komppania marssivalmiina. Lähetti ilmoittaa toimivansa oppaana ja tunnustelijana.

Päivällä sulanut tie on ilman jäähtyessä pakkaselle mennyt kevyeen jääriitteeseen. Saappaat rouskuttelevat tahdikkaasti, kun komppania etenee kalpeassa kuun valossa. Tullaan synkeän kuusimetsän sisältä peltoaukealle. Edessä on laskeutuva rinne, joka laakson pohjan jälkeen nousee uudelleen tummana kohoavaksi harjanteeksi. Korkeiden puiden ja jonkin rakennuksen silhuetit kuvastuvat vaaleampaa taivasta vasten. Opas kulkee puolensataa metriä edellä. Alkaa laakson pohjan jälkeen nousta vastapäiselle rinteelle ja häipyy mustaan varjoon.

Komppanian kärki alkaa olla puolivälissä laskevaa rinnettä. Kirkas liekki alkaa läpättää pimeydestä. Ilman eri komentoa lakoavat miehet kuin aaveet tien raviin ja peltoon. Konekiväärin sarja vouhkaa ilmassa ja hakkaa korvissa. Vaikka maastoon mentiin sukkelaan, on tuho kamalaa. Etumaisena ensimmäisessä ryhmässä marssineet Pihtiputaan miehet kaatuvat suorastaan rekrytointijärjestyksessä. Näiden ruumiiden antaessa katveen jäljessä tuleville, ehtivät nämä peltoon. Kuuluu surkeaa huutoa ja valitusta: "Sanitääriä, sanitääriä..." "Hiljaa siellä ja liikkumatta. Sanitääri kaatui jo," tulee tiukka käsky.

Jussi on marssinut kolmannen joukkueen viimeisessä ryhmässä ja hän näkee kuin unenomaisena edessä avautuvan kauhistuttavan näkymän. Ikäänkuin ei olisi siinä mukana, vaan ulkopuolinen, joka ihmettelee kummallista näytelmää. Hetkessä kuitenkin todellisuus iskee tajuntaan. Hirvittävä vihan aalto syöksyy mieleen ja veren kohina iskee päähän. "Jeesuksen Kristuksen perkele...miten tässä näin kävi, tähän ne tappaa koko porukan." Maatessaan litteänä jäisessä pellossa, hän kuitenkin toteaa olevansa hengissä ja viha kuolee jättäen jälkeensä vartaloa tärisyttävät aallot.

On kuitenkin jotain yritettävä keksiä tilanteen ratkaisuksi. Edessä muutaman metrin päässä on kivi tai joku kohouma ja siinä voisi suojaa saada. Hiljaa hän alkaa hivuttautua sitä kohti, mutta liike paljastaa aikeen. Konekiväärin suihku tavoittelee heti. Rukkasessa ja saappaan varressa paukahtaa ja luotien hutjatessa ympärillä, ei ole muuta keinoa kuin syleillä maata. Kuuluu vaan posahtelua, kun kuulat iskevät luuta ja lihaa murskaten etummaisiin miehiin. Sitten on ampujankin tähtäystään nostettava tavoitellessaan takimmaisia maaleja. Siinä on muutamien miesten pelastus, kun sarjat alkavat vonkua yli.

Jussilla on peukalo turtana kuin vasaran lyönnin jäljiltä. Jalassa ei tunnu kipua ja varpaatkin liikkuu, kun käpristelee niitä. Konekivääri vaikenee viimein. Miehet makaavat liikkumatta näytellen kaatunutta. Jotkut haavoittuneet valittavat tukahtuneesti ja tekevät tiliä kuoleman kanssa, kun veri on virrannut jäiseen peltoon ja ruumis raukenee elottomaksi.

Jussi kuulee hiljaisen äänen sivultaan: "Jussi, Jussi miten kävi. Oletko hengissä?" "No ei ainakaan pahemmin, taisi peukaloa raapaista," vastaa hän. Kuulostaa ryhmänjohtajan ääneltä, mutta päätäkään ei enää uskalla kääntää. "Sinne kiven taakse ei kannata yrittää. Vikelle taisi käydä huonosti, kun samaa meinasi. Tästä ei nyt päästä ennenkuin tuo kuu kiertää sen verran, että varjo nousee tähän." Puhelee ryhmyri.

Sitten Jussi turvautuu vanhaan konstiin, kun on ollut oikein vaikeaa. Hän poistaa mielestään ajan ja paikan. Häipyy kauas mielikuvien maailmaan. Ja nyt kun tilanne on tämä, niin automaattisesti hän alkaa kerrata siihen saakka elettyä aikaa.

LYHYEKSI JÄÄNYT LAPSUUS

Järven selkä on lapsen silmissä valtavan suuri ja sitä se on oikeastikin. Pitkälle aapaa ulottuu kapea kivinen niemen nokka. Toinen vähän lyhykäisempi niemi ja niiden välissä soukka lahti. Ja sen pohjukassa, pitemmän niemen kainalossa on metsässä pieni raivio. Harmaahirsinen savutupa, saunapöksä, keittokota ja ryytimaa. Se on Jussin koti. Jussi on ainut poika ja sisarusparven nuorin.

Jussi on kulkenut kivistä polkua myöten aivan pitemmän niemen nokkaan. Istuen mielikivellään katsoo ärhentelevää aallokkoa. Kun etelänpuoleinen tuuli nousee ja harmaat pilvet kiitävät vinhasti liki puiden latvoja, kuuluu mahtava kohina järveltä. Silloin on poika vallan haltioissaan luonnon näytelmää seuratessaan. Valkoharjaiset kuohut hyökkäävät louhikkoista rantaa vasten sähisten ja mouruten. Ne lähtevät kaukaa mittaamattomalta näyttävän etäisyyden takaa. Sieltä saakka, missä ne nuolevat pilvien mahoja. Selkeällä ja tyynellä näkyy vain kirkas juova, kun taivaan kansi sukeltaa veteen.

Jussilla on nyt kovin vaikea asia, jonka ratkaisu vaatii erikoista miettimistä, että sen voisi ymmärtää. Kevättalvella hänen tullessaan kiertokoulun ensimmäiseltä luokalta koulutalosta kotiin, niin Anna sisko juoksi ulos vastaan huutaen: "Voi, voi, Jussi rakas, äiti on kuollut." On kovin vaikeaa käsittää, miksi äiti on niin tehnyt. Se vaatii monet miettimishetket. Mutta pikkuhiljaa alkaa tuntua siltä, että äiti ei enää tule takaisin kotiin.

Jussin mielessä pyörii joitakin erikoisen mukavia hetkiä äidin kanssa. Kuten silloin, kun aikaisin kesäamuna lintujen vielä laulaessa ja auringon kiivetessä puiden latvojen yli, Jussi lähti mansikoita keräämään. Nauriskuopan reunamilta, ryytimaan laidalta ja rantapolun kivien vieriltä marjoja löytyi. Polun varren kasteesta vielä nuokkuvat heinänkorret kutittivat paljaita sääriä. Vielä hieman rohtuneissa variksensaappaissa tuntui pirtsakkaa kirvelyä. Lahden yllä leijaili hiljakseen pois haihtuvia hattaroita. Ruohikon latvoilla ja rannan pensaiden hämähäkin verkoilla sädehti vesihelmien kirkkaat kipunat. Jussilla oli pieni tuohiropponen kädessään. Isän vartavasten hänelle tekemä. Kun siihen oli kertynyt marjoja puolilleen, oli aika mennä äidille näyttämään. Ja jos hyvin sattui, äiti kaatoi pienen maitotilkan mansikoiden päälle.

Tai, kun oli tullut tehtyä vähän kolttosta, että oli joutunut vaaraan saada koivuniemen herrasta hivutusta ja sitä karkuun mennyt poika katosi metsään. Ei Jussi kauaksi mennyt. Oli salainen paikka. Kauempana rinteessä oli unohtunut, puoliksi sortunut nauriskuoppa. Mustikanvarret ja sammaleet olivat melkein peittäneet kuopan. Siellä hän hiljaa kuunteli etsijöiden huutelua. Ensin ne olivat uhittelevia, mutta muuttuivat sitä mukaa, kun aurinko alkoi punertuen vaipua järven taakse. Siskot maanittelivat ja lupailivat, ettei tule selkäsaunaa. Mutta hevin ei Jussi luovuttanut. Vasta, kun kuuli, että äiti jo tuntui itkevän, niin hän luovutti ja hiipi piilostaan mökin porraspuulle. Anna sisko sattui ensimmäisenä tulemaan pihamaalle ja rääkäisi: "Täällähän se poika istuu muina miehinä." Sitten oli oikein herkkä hetki äidin sylissä, kun hyviteltiin kolttoset ja vielä sai ylimääräisen maitotilkan.

Jussi tuli usein tänne järven helmaan purkamaan mieltä askarrattuvia asioita. Illalla, kun läntinen taivas hehkui punaisena, tuntui kumma ahdistus rinnassa. Josain tuolla kaukana on suuri ja outo maailma, joka veti puoleensa ja aiheutti lähes kivun kaltaisia väristyksiä. Kerran he olivat isän kanssa soutaneet järven yli toiselle puolen katsomaan maantietä. Se oli ihmeellisen tasainen, leveä ja suora. Sen hiekka oli paljaisiin jalkapohjiin leppoisen pehmeää ja sitä jatkui loputtomiin. Sitä tietä hän olisi halunnut kulkea vaikka kuinka kauas.

Kiertokoulua pidettiin kyläkunnan yhdessä isossa maalaistalossa. Välimatkat olivat pitkiä ja kun teitä ei ollut, niin pitkämatkalaiset olivat kortteerissa koulutalossa. Kesällä kulkuvälineenä oli vene tai kinttupolut. Talvella sukset ja rekipeli niillä, joilla hevonen oli.

Jussi oppi nopeasti lukemaan ja kirjoittamaan. Niinpä hän luki kaikki mahdolliset kirjat, joita koulutalossa oli saatavilla. Erityisen mielenkiintoinen oli Tsaarin kuriiri. Siinä oli kuvausta suuresta Venäjän maasta ja Siperiasta. Se herätti mielikuvituksessa kaukokaipuuta seikkailuun sinne kauas jonnekin, kun hän iltaisin käpertyi olkivuoteensa helmaan.

Kiertokoulun kolmannen kurssin tultua päätökseen, Jussi oli riemukkaalla mielellä kesän odotuksessa. Pääsisi taas isän kanssa onkimaan isoja ahvenkörrejä. Kotilahdella, kun vihreänä luiruavat ahvenheinät nousevat pintaan saakka, tulevat kalat sinne syömään ja kisailemaan. Ja sitten nuotiolla niitä kelpasi paistaa.

Jalka nousi keveästi, kun hän kivistä polkua riensi kotiin. Mutta kotona olikin synkeä tunnelma. Anna sisko sen taas sanoiksi puki. Silmänräpäyksessä koko maailma romahti, kun hän puristi Jussin syliinsä: "Voi, voi, Jussi parka, nyt on isäkin kuollut."

Yhdeksänvuotias poika ymmärsi jo kuoleman merkityksen. Sen, että kuinka lopullinen ja peruuttamaton tapahtuma oli käynyt isälle. Istuessaan mökin porraspuulla ja katsoen kuinka läntinen taivas puiden lomasta väreili punertavana auringon painuessa järven taakse, niin hän yritti selventää tätä ajatuksissa myllertävää kuohua. Jokin ahdistavan raskas möykky täytti koko rinnan. Aivan hengitystä salpasi. Mitä nyt sitten seuraa tästä kaikesta. Siihen päättyi Jussin lapsuus. Sisarusparvi hajosi. Vanhemmat tytöt pääsivät jo piioiksi taloihin ja Anna sisko aina

Helsinkiin saakka. Mutta Jussi joutui ajan tapojen mukaan sen talon holhoukseen, joka halvimman tarjouksen antoi.

Alkoi raskas ja armoton työ vastineeksi elannosta. Ei Jussi sinällään työtä kaihtanut. Hänestä päivät kuluivat nopsaan ulkona tuohutessa. Jotenkin helpotti, kun väsymys kuoletti kaikki muut tunteet. Kun hän takkavitsalla kantoi heiniä suolta latokömmänän vierellä olevalle haasiolle kuivumaan ja ryhmyinen koivuvarsi painoi olkapäätä ja sormet puutuivat, niin kipu aaltoili päähän saakka. Mutta hellittää ei saanut. Jos taakka pääsi putoamaan matkalla, sitä ei yksin jaksanut nostaa takaisin. Ja avun pyytäminen olisi ollut häpeä. Sitä oli vain kestettävä.

Jussin sitkeys kyllä tuli merkille pantua talossakin. Siinä oli omat hyötynsä monessakin asiassa. Työn tekoa arvostettiin ja myös Jussi hyötyi sen vuoksi. Eräänkin kerran, kun iltapuhteella pimeänä syysiltana, kertoiltiin karmeita juttuja kummituksista sun muista, niin isäntä laittoi miehet koetukselle. Riihessä sattui olemaan ruumislaudalla kuollut odottelemassa pääsyä järven yli kirkkomaahan. Piruillessaan isäntä lupasi markan sille, joka hakee lapion riihestä. Markka oli melkoinen palkkio. Sillä sai yksitoista punttia tulitikkuja ja se oli rengin pestausrahakin.

No sitä sitten kävivät urhoolliset muka hakemassa, mutta väittivät, ettei sieltä mitään lapiota löydy. Jussi ei kuollutta pelännyt, eikä pimeätäkään. Sattumalta oli päivällä nähnyt lapion kiukaan takana. Silloin hän vikkelästi kipaisi hakemassa lapion. Miehet murisivat, että ei kait sitä nyt pojalle markkaa anneta, mutta isäntä vaan löi markan Jussin kouraan. Totesi virnuillen, että ei siitä puhetta muuta ollut kun se, joka lapion hakee.

RENKIPOIKANA

Hevosen kanssa työskentely oli mieluista Jussille. Hän ei koskaan hakannut hevosta, vaan kaikki jutut selvitettiin puhumalla. Hevonen oli todellinen työkaveri, jolle voi kaikki murheetkin selvittää. Kun kaverukset olivat kyntämässä, niin juttua piisasi. Jussi oli hyvin tarkka työn jäljestä. Viilut piti olla tasapaksuja ja suoria. Katkeamia ja turverepaleita ei saanut näkyä. Viilun piti kääntyä juuri mustan mullan ja raakamaan välistä niin, että hiukan punertavia suikaleita sai nousta näkyville. Kun auran kärki törmäsi mukulakiveen, niin hevonen heti toppasi vedon. Kuunteli sitten korvat höröllä, kun kivi selvitettiin ja aura taas lähtöasemaan. Jussi noitui kiven alimpaan kattilaan ja käski sitten hevosta liikkeelle. Tämä lähti laiskansitkeästi liikkeelle ja sai evästyksen: "Että se oikein venyy ennenkuin lähtee vetämään." Äänensävystä hevonen tiesi, mistä tuuli puhaltaa ja lisäsi vauhtia. Silloin: "Pysy vaolla, pysy vaolla, mitä se kompuroi." Ja niin sitä kynnöstä syntyi. Isäntäkin katseli tasaista kynnöstä myhäillen. Ei nyt sentään kehunut, mutta ei moittinutkaan.

Myös niittohomma oli laatuunkäypää työtä. Aikaisin kesäaamuna, kun kaste vielä viihtyi ruohon juurilla ja ilma viileän raikas, viikatteella oli mieluisaa suihkia. Varsinkin suon heinätuppaat piti kosteana niittää, koska ne mielellään hylkivät terää. Työtä helpotti erikoisesti se, että osasi teroittaa viikatteen "kuin käärmeen kieli" ja taitava voimia säästävä nuolaisu, niin heinä kyllä lakosi.

Toinen homma oli ojankaivuu. Siinä kun näki kädenjäljen, joka säilyi pitkään. Työtä tehdessä voi ajatella ja selvitellä kaikenlaisia juttuja, jotka mieltä askarruttivat. Vaikka Jussi ei nyt renkihommaa kovin työläänä pitänytkään,mieli halasi isommille niityille. Kuitenkin oli vielä vuosia kestävä sidonnaisuus alaikäisyyden vuoksi isäntätaloon. Hän suunnitteli ja haaveili, mitä kaikkea tekisi, kun joskus itse voisi päättää asioistaan.

Suuressa maailmassa oli alkanut jyllätä sota. Se ei nyt juuri millään tavalla kyläkunnassa näkynyt. Voin, nahkojen ja hevosten kysyntä kasvoi. Hyvin vähän itse Suomen asioista kulkeutui tietoja. Täällä "jumalan selän takana" oli tarpeeksi hommia oman elannon kanssa puljatessa. Iso maailma sai hoitaa omat asiansa itse. Jussi kyllä oli kiinnostunut. Luki kaikki vanhat sanomalehdet, mitä sattui saamaan käsiinsä. Muutaman samanmielisen renkipojan kanssa juttuja kehiteltiin ja suunniteltiin.

Yllättäen tuli kuitenkin ratkaisu. Seudulle oli ilmaantunut venäläisten värväri. Kysyttiin miehiä vallitöihin. Silloin Jussikin halusi värväytyä, vaikka oli alaikäinen. Isäntä kyllä tyrmäsi ajatuksen, että ei sitä niin vain kontrahtia rikota. Vaan värväri totesi, että se on nyt poika keisarin kirjoissa ja sillä siisti. Ja silloin lähti Jussi uusiin töihin.

VALLITÖISSÄ

Vallitöihin pestautunut Jussi tunsi valtavaa vapauden tunnetta. Aivan kuin talvikömmänästä kevätlaitumelle päästetty vasikka. Työ oli helponlaista, säännöllinen aika ja rahapalkka. Monenlaisten ihmisten paljous ja hyörinä isolla linnoitustyömaalla avasi aivan uudenlaisen maailman pienen eristäytyneen kylän elämään tottuneelle renkipojalle.

Oli monenlaisia ammattimiehiä, sotilaita kaukaisilta seuduilta, kaupunkien irtolaisia ja loisia. Korkeimpaa palkkaluokkaa edustivat ammattimiehet kuten kirves- ja kivimiehet. Myös hevosmiehet kuuluivat parempaan hintaluokkaan. Osaavasta väestä oli suurta pulaa. Loiset ja muu irtolaissakki kelpasi lapion varteen. Maatalojen pojat ja eivät rengitkään oikein mielellään ryssien töihin lähteneet. Ammatinharjoittajat hyvän tienestin perässä kyllä tulivat. He olivat pomomiehiä. Ammattiylpeys sitoi heitä kaikissa tehtävissä. Työt piti suorittaa tunnettujen sääntöjen mukaan huolellisesti. Sen sijaan lapiohommissa ei suurta taitoa kyselty. Riitti kun heilutteli sopivaan tahtiin lapiota. Sillä, tuliko mitään jälkeä aikaan ei ollut väliä, kunhan ei nojaillut lapionvarteen. Kun oli paljon porukkaa remmissä, niin pakostakin homma eteni.

Muutamat koiranleuat tietenkin hoksasivat testata venäläisen työtä valvovan upseerin pinnan pituutta. Yksi kaveri laitettiin tekemään rautakangella reikää maahan, jossa kivenmurikka oli alla. Sitten lyötiin vetoa, miten kauan voi jylkyttää tyhjää. Alkoi jo mennä iltapäivän puolelle, kun upseeri alkoi kiinnostua asiasta. Ratsasti viimein oikein katsomaan, että mikä mättää. Kaveri löi tahdikkaasti ja kanki vaan helähteli kiveen. Aikansa katseltuaan äijä totesi: "Ei tule reike siine. Sine vaihta paikka". Eipä sille tullut mieleen edes kysyä, miksi siihen reikää yrität tehdä. No, paikan vaihto ja sitten lähimmäksi arvannut keräsi voitot.

Jussi, parin muun saman paikkakunnan pojan kanssa, ilmoittautui hevosmieheksi. Siihen hommaan myös pääsivät. Jussilla oli alle kymmenvuotiaana jäänyt lapsuus narikkaan ja nyt vapauden vallitessa myös hänellä koirankujeita piti jälkijunassa ottaa kiinni.
Juoksuhautoja kaivettiin ruispellon laitaan. Siihen aivan metsän rajaan. Kun puutavaraa alettiin tarvita, niin sitä otettiin pellon toiselta puolen. Oletetun vihollisen tulosuuntaan nähden piti aukon suurentua. Puut kaadettiin, karsittiin ja kuorittiin ja ajettiin kokonaisina runkoina työmaalle. Kirvesmiehet saivat siten katkoa ja valita omien tarpeidensa mukaan raaka-aineet. Hevosmiehet ajoivat runkoja ns. "pää maassa". Tyvi nostettiin purilaalle ja liukas kuorittu tukki tuli kevyesti näin vetämällä.

Pojilla oli isäntämiehille tietysti jäänyt jotain hampaan koloon palveluvuosinaan. He päättivätkin, että ainakin tälle isännälle päästään tekemään jäynää. Kiusallaan he ajaa suhauttivat suoraan viljapellon halki kuormansa. Isäntä, joka muutekin myrkyllisellä mielellä seuraili maidensa raiskausta, kun maksetut korvaukset eivät tietysti olleet tarpeeksi hyviä, pillastui täysin. Seuraavaa satsia, kun pojat meinasivat lähteä viemään, hyökkäsi paikalle ja hevosen turparemmiin kiinni: "Saatanan sikiöt, mitä oikein meinaatte, kun sotketaan jumalan viljaa." No nyt tuntui pojista, että ollaanpa voiman oikealla puolen ja ajetaan mistä tykätään. Isäntä ei meinannutkaan luovuttaa ja mekkala vaan kiihtyi.

Toisella puolen halmeen ratsunsa selässä työtä valvova upseerikin havahtui ja tuli katsomaan meteliä. Isännälle: "Mite sine huuta?". Toiselta tulee kiivasta puhetta sen kun suusta ehtii, mistä puita pitää ajaa. Upseeri on hetken hiljaa. Ikäänkuin yrittää päästä selville, mitä huudetaan. Tekee sitten yksinkertaisen ratkaisun ja ottaa hevosensa kupeelta piiskan ja taitavasti hujauttaa niin, että nahkaremmi paukahtaa muutaman sentin päässä isännän naamasta ja karjaisee: "Oma maa, oma mette, sine pois." Nyt jo isäntäkin hoksaa, että menee liian pitkälle ja lähtee nostelemaan kartanolleen muristen ja sapet niellen mennessään: "Kaikkea sitä ihmisen pitää nähdä nuitten perkeleitten takia." Ja pojat ajelevat. Toki upseerikin käsitti mistä tuuli puhaltaa, kun koltiaiset vähän virnuili, mutta työn kannalta olisikin ollut työläämpää kiertää peltoa ja siksi hyväksyi näiden tempun.

MAAILMA KUTSUU

Paikkakunnalla, missä vallitöitä tehtiin, alkoi liikkua ylimääräistä rahaa. Kaikenlaisia yrittäjiä tietenkin ilmeni kokeilemaan, miten onnistuisi nappaamaan osuutensa saaliista. Tuli kauppamiehiä, viihdyttäjiä sun muita komhoijareita.

Jussi ja pari muuta poikaa olivat saaneet oman kylänsä varsin kireän kasvatuksen, jossa jokseenkin kaikki muu oli syntiä paitsi työnteko ja kirkossa käynti. Mutta kavereiden kokema rajaton vapauden huuma alkoi kuitenkin murtaa tiukkoja normeja, joihin oli pakoitettu alistumaan.

Silloin kun vähän salakähmäisesti järjestettiin rilluttelujta, joissa tanssittiin ja juomiakin napsittiin, jopa pojatkin hankkiutuvat vähän menoa katselemaan. Tosin tanssipaikalla ei vallityöläisen kamppeissa tepastelevia puujalkaisia koltiasia juuri arvostettu. Aron pojat, joilla oli kiiltonahkasaappaat, komeat uniformut, mustat kiharat ja silmät, lauloivat ja tanssivat sutjakkaasti, nappasivat tyttäret omiin hoteisiinsa. Eipä siinä ollut muuta vaihtoehtoa, kuin nieleksiä sapet takaisin kurkusta alas ja pureksia hammasta. Kasakoille ei ollut varaa osoittaa mielipiteitään.

Kaveruksilla oli kuitenkin vilkas samansuuntainen mielikuvitus. Tehtiin kaikenlaisia suunnitelmia tulevaisuuden suhteen ja alkoivat säästää rahoja, eivätkä hupuloineet turhuuksiin. Akkiä se kuluikin pestikontrahti loppuun. Sitä ei enää uusittukaan, vaan lähtivät pojat seikkailemaan kaupunkimaisemiin.

Kuopioon tulivat ja rupesivat herroiksi. Hommattiin jatsarit, diakonaalihousut ja takit. Matkakotiin asetuttiin kortteeriin. Sitten oikein ravintolaan hienosti syömään. Jännäähän se olikin. Kyllä Jussi oli nähnyt, miten veitsellä ja haarukalla syödään. Talon isäntä oli kerran retkillään laukkuryssältä sellaiset ostanut. Tosin muut kuin hän itse ei saanut niihin koskea. Olipa ensin käynyt niinkin, että kun piika oli kattanut isännälle lusikan ja lautasen ärähti ukko että kahveli pöytään. Piika totteli ja vaihtoi haarukan lusikan tilalle. Lappoi sitten kalakeiton lautaselle. Äijä haarukoi sen mitä sai piikkeihin tarttumaan ja ryyppäsi lautasen reunalta liemet suihinsa. Palvelusväellä ja muilla syöjillä oli omat puulusikat. Ne nuoltiin puhtaiksi ja pantiin oman olkikuvon päätyyn seinän rakoon syönnin jälkeen.

Varovasti reissulaiset ruokailivat ravintolan sapuskoita. Että näyttäisivät maailman miehiltä. Siinä oli vielä sellainen soukka ja korkea lasi, jossa oli kauniin ruskea sisältö ja pieni pitkävartinen lusikka. Jussi päätteli, että varmaan jälkiruokaa. Otti sitten sen verran kuin lusikkaan sopi ja latasi suuhunsa. Henki salpautui ja tiukille otti ennenkuin annos meni alas tuulen suojaan. Vilkaisi vielä hätäisesti näkikö kukaan, kun taisi tulla jotain tyrittyä mokoman myrkyn kanssa. No se oli ensimmäinen tutustuminen sinappiin.

Aikansa toljailivat sitten matkamiehet kaupungin elämää. Osailivat asemalle junia katsomaan. Oli tehty sellainen sopimus, että jos joku esittää vaikka hassunkin tempun, se toteutetaan. Jopa keksittiinkin, että junalla pitää myös ajella. Hankittiin piletit heti seuraavaan lähtöön aina perille asti. Pohjoiseen päin tuli matka ja Kajaanihan sieltä tuli vastaan.

UUSI VÄRVÄYTYMINEN

Kajaanissa pojat hakeutuivat taas kortteeriin ja joitakin päiviä meni mukavasti, mutta aivan yllättäen tulikin tenkapoo vastaan. Kenenkään taskunpohjalta ei löytynytkään pennin kolikkoa. Asiaa piti syvällisesti harkita. Aseman seutuvilla pyöriskeltiin. Talvi oli niin pitkällä jo, että oltiin pakkasilla ja yösijaa ei ollut enää tiedossa.

Mutta ratkaisu olikin helposti tehty, kun törmättiin venäläisten värväriin. Sen kummemmin funtsailematta pojat olivat valmiita värväytymään. Nyt tapahtuma oli hiukan toisenlainen kuin aikaisemmin. Oli kyllä opittu välttävästi venäjänkielen sanoja kuten käsky-, kielto- ja omaa tahtoa ilmaisevia, mutta kun eteen lyötiin paperi, jossa oli "vasenkätistä" tekstiä, eipä siitä mitään ymmärretty. Nimet ja syntymäaika- ja paikka piirreltiin kohtiin, johon käskettiin ja allekirjoitus. Värväri löi leimoja lomakkeeseen ja antoi ohjeet. "Tämän paperin näytätte konduktöörille heti kun juna lähtee etelään. Ajatte Viipurin kaupunkiin, jossa ilmottaudutte siellä olevaan värväystoimistoon."

Iltajunan lähtiessä takaisin Kuopiota kohti, olivat pojat mukavasti kyydissä. Viipuri oli valtavankokoinen kaupunki. Sitä olisi kyllä pitempäänkin katsellut ja ihmetellyt, mutta kun nälkä kurni suolissa, ei se kuitenkaan huvittanut. Aseman luona se olikin värväyspiste, jossa paperit esitettiin. Enää ei tarvinnut mitään kirjoitella, eikä selitellä. Pojat joutuivat heti hoitoon. Jaettiin leipälaukut ja muonitettiin. Sitten marssitettiin sivuraiteella seisovaan junanvaunuun, jossa oli kaksikerroksiset makuulavitsat molemmilla sivuilla. Vesikorvo, kamiina ja klapeja. Vaunussa oli jo muitakin asukkeja. Näyttivät olevan ulkomaaneläviä. Sellaisia oli kyllä jo nähty vallityömaalla ennenkin.

Sitten vaan varattiin makuulavitsat ja kun armoton nälkä kurnusi mahassa, alettiin inventoida laukun sisältöä. Iso ryssänlimppu, teelehtiä, tupakkaa ja yllättäen myös aikamoinen sokerimöykky. Kamiinan kannella oli iso vesipannu. Sitä kokeiltiin ja huomattiin, että kuumaa vettähän siinä oli. Ulkomaaneläviä ei poikien touhut kiinnostaneet millään tavalla. Mongersivat omia juttujaan ja pojat heti muodostivatkin oman porkkasakkinsa. Laukussa olleeseen isoon läkkipeltikortteliin varistettiin teelehtiä ja kuumaa vettä päälle. Sokeria jyrsittiin sekaan. Puukko oli vakiovaruste itsellä. Kylläpä olikin autuaanoloista liottaa maukasta limppupalaa imelässä ja vahvassa teessä. Sätkät käryämään ja huilimaan. Kyllä taas kelpasi olla.

Seuraavana päivänä uusia miehiä tuotiin vaunuun ja makuulavitsat tulivatkin täytettyä. Iltamöyhällä sitten alkoi tapahtua. Tuotiin uusi annos muonia, klapeja ja vesikorvo täytettiin. Outo homma vaan oli se, kun ikkunottaman härkävaunun ovet suljettiin ulkoapäin. Pojat sitä ihmettelemään ja vaikka kuinka väänsi, niin kiinni pysyi ovi. Tuumailtiin, että jopa myrkyn lykkäsi, taisi tulla nimi väärään paperiin. Todettiin kuitenkin etteivät ainakaan heti tapa, kun sapuskoita toivat. Korttipakka vaan esiin ja läiskimään, niin siinäpä ne suurimmat huolet.

Oli jo keritty nukkua hyvä tovi. Silloin herättiin kovanlaiseen rysäykseen. Koko vaunu tärähti. Veturin puuskutus ja kolinaa kuului ulkoa. Sitten lähti vaunu liikkeelle. Vihellyksien erinäisten kolausten ja vekslausten jälkeen mennä kolisteltiin tasaisesti. Välillä juna seisoi pitkiä toveja. Sitten taas mentiin. Tuli uusi päivä ja aina vaan matka jatkui. No keksittiin, että pannaampa merkille, milloin on yö ja päivä. Tarkastuspiste oli käymälän luukku lattiassa, josta radalle näkyi. Kamiinan suuluukusta tulevassa valon kajasteessa sentään näki korttia pelata. Syötiin ja tupakoitiin ja juttuja koetettiin keksiä.

Muonat alkoi olla jo lopuillaan, kun yöaikaan junan taas seisoessa ovet tempaistiin auki. Ulkona oli pimeää. Vettä, klapeja ja sapuskaa heitettiin sisään. Ovet taas kiinni, eikä mitään sanottu. Klapissa olevaan kalenteriin oli jo kaiverrettu neljän tolpan päälle poikkiviiva. Alkoi jo tuntua aika työläältä olotila. Tuumailtiin, että minnekähän helvetin kuuseen tässä ollaan menossa.

Uusi pystytolppa oli nakerrettu edellisen sarjan viereen, kun taas hiljentyi vauhti. Kovat kuului vihellykset ja puhkutus. Vetureita kuului olevan useita. Samoin melkoista molotusta ja pauketta. Kun oli hetkonen seisottu paikallaan, tempaistiin ovet auki. Viimein kävikin käsky ulos ja laukut mukaan. Oltiin valtavan suurella asemalla. Sotilaita liikkui joka puolella pilvin pimein. Junia purettiin ja tavaroita kuskattiin edes taas. Komentoja raikui ja äkseerausta kuului vähän joka puolelta. Pojat olivat tulleet Minskin suureen kaupunkiin.

Venäjän armeijan sotatoimet olivat kokeneet jatkuvia vastoinkäymisiä keskusvaltoja vastaan. Koko Puola alkoi olla menetetty ja oltiin jo rakentelemassa puolustusasemia Minskin edustalla. Tämä kaupunki oli nyt huolto- ja sotilasliikenteen pääteasema, jossa massiiviset kuljetukset purettiin vietäviksi sodan loputtoman ahneeseen kitaan.

Kajaanissa armeijaan työläisiksi värväytyneet kaverukset olivat matkanneet viikonpäivät pimeässä härkävaunussa lukkojen takana. Viimein ulos päästyään katselivatkin silmät selällään ympärillään kiehuvaa meininkiä. Tosin ei siinä kauan ollut aikaa ihmettelylle, kun leuhkan näköisessä koppalakissa ja tamineissa häärivä äijä apureineen alkoi järjestellä vaunusta purkautuvaa sakkia jonkinlaiseen sotilaalliseen muodostelmaan. Pidettiin nimenhuuto ja rahtikirjasta tarkastettiin, että mittatappiota ei porukkaan ollut matkan aikana syntynyt. Saatuaan paperinsa selviksi ukko komensi ryhmänsä liikkeelle. Jussi matkakumppaniensa kanssa oli ensimmäisen vallityökomennuksensa aikana Keski-Suomessa oppinut välttävät venäjänkieliset termit ja homma sujui ilman sen kummempia ongelmia. Sodan suuri höyryjyrä oli saanut yhden pienen rattaan hampainsiinsa.

"KIRVESMIEHINÄ" VALKO-VENÄJÄLLÄ

Maailman katsomustaan laajentamaan lähteneet renkipojat olivat nyt sotilaiden komennuksessa. He saivat linnoitusjoukkojen tamineet ja värvättyjen kokardit ja propuskat. Sitten marssittiin Saksan vastaiselle Valkovenäjän rintamalle. Siellä oli valtavat työmaat menoillaan. Varsinaisen rintaman taakse rakennettiin uusia puolustusasemia.

Tuhannet miehet koppuloivat silminkantamattomiin jatkuvalla linjalla juoksuhautoja ja pesäkkeitä. Jussi kumppaneineen ilmoittautui kirvesmieheksi. Komentokorsuja rakenneltiin kuin kirkkoja konsanaan. Hirret veisteltiin suoriksi ja sileiksi. Niinpä pojille annettiin veistokirveet ja hommiin. Eipä Jussi ollut ennen hirsityötä tehnyt. Yritti vähän vakoilla, miten toiset veistelivät. Kun sai hirren valmiiksi, niin pomona hääräilevä mestari tsiikasi tulosta, mutta hylkäsi sen. Vähän kun meni ropelille veistos. Puisteli päätään ja totesi: "Niejt, niejt." Siihen jäi kirvesmiehen ura. Toi sitten pokasahan ja halkomakirveen. Sikäli oli mukava mestari, ettei hajoittanut kaverusten ryhmää, vaan suomalaiset piti samassa porukassa.

Nyt Kalle ja Kortekyömä yhdessä Jussin kanssa opastetiin halkometsään. Komeata oli siellä koivikko. Pitkää valkorunkoista ja lähes oksantonta puuta tiuhassa. Ja vielä ilmeni, että se oli suorasyistä hyvin halkeavaa puuta. Määrättiin sitten, että sylen mittaista halkoa piti päivässä hakata sylen korkea ja leveä pino. Ei se kolmeen pekkaan ollut mikään kova urakka. Illalla kirjuri kävi tarkasti mittaamassa pinon, että se täytti mitat ja kirjasi ylös.

Talven selkä täyttyi varsin mukavasti, kääntyen kevään puolelle. Aurinko jo näin etelässä lämmitti kummasti helmikuun loppupuolella. Erään kerran, kun aamulla poikien tukanjuurissa pyrki jyskyttelemään ja suussakaan ei hääppöseltä maistunut, kävivät he lämpöiselle mättäälle huilaamaan ja uni petti. Iltapäivä jo menossa, kun heräsivät. Tulikin sellainen ongelma, että eipä ehditä normia täyttää. Hätä keinot keksii. Siirretiin yksi pino toiseen paikkaan ja vähän tuoretta halkoa päälle silmän lumeeksi. Kirjuri sitten vaan mittasi pinon ja merkkasi kirjaansa mitään kyselemättä. Poikia hetken jännitti, että saas nähdä miten käy. Kun huomasivat, ettei äijä välitä yhtään mistään muusta kuin, että mitat on oikein siinä pinossa, joka näytetään, niin siitäpä riemu syntyi. Seurasi semmoinen vitsikäs halkosouvi, että koltiaiset siirtelivät pinoja eri kohtiin ja joskus aikansa kuluiksi hakkasivat vähän uusia halkoja. Semmoiseksi oli systeemit käyneet väen kyllästyessä sotahommiin. Ei välitetty ajatella turhia, vaan se välttämätön osa tehtiin palkan eteen.

SOTILAAT ALOITTAVAT VALLANKUMOUKSEN

Oltiin jo siirrytty maaliskuun puolelle hyvän matkaa. Rintamalta kuuluva kohu, joka oli ollut kuin taustamusiikkia konsanaan, alkoi koventua. Kuulosti ikäänkuin tulevan lähempää. Väki muutenkin oli käynyt hermostuneen oloiseksi. Upseerit olivat kireäilmeisiä. Sotilaita meni rintaman suuntaan ja haavottuneita kärrättiin takaisin. Tykkien jyrinä tuntui vallan kiihtyvän julmetuksi. Pakenevia sotilaita alkoi tulla rintamalta vauhkona juosten. Silmät suitsirenkaina ja vaahto suusta lentäen.

Upseerit yrittivät pistoolit kourassa saada väkeä pysähtymään uusiin hienoihin asemiin. Äkkiä alkoi kajahdella laukauksia ja upseerit kaatuivat maahan. Valtavat huudot kiirivät ympäriinsä: "Revolutsija, revolutsija...". Kaikki, niin uudet kuin vanhatkin sotilaat sekä linnoitusjoukot tempautuivat mukaan hyökyaaltoon, mennen vaudilla aina Minskiin saakka. Siellä oli täysi vallankumous menoillaan. Tapettuja upseereita pitkin katuja. Kauppoja ryösteltiin ja omaisuuttaan varjelevat ihmiset ammuttiin kylmäverisesti. Punaisia nauhoja ja mitä hyvänsä rättiä kierrettin käsivarsiin ja lakkiin ilmaisemaan vallankumouksen merkkiä. Siinä virrassa seilasivat pojatkin. Eipä heillä sinänsä mitään hätää ollut. Suomalaiset työmiehet uivat kuin kalat vedessä joukon mukana.

KOTIMAA ALKAA KUTSUA

Vallankumouksen aallot kuohuivat hillittöminä Minskissä. Keisarinvallasta vapautumisen huumassa väki käyttäytyi ihmisen kaikkein alhaisimpien viettien ohjaamina. Raaka väkivalta, ryöstely ja kaikkien arvojen polkeminen maanrakoon vallitsi kaduilla.

Jussi kumppaneineen pysytteli mahdollisimman sivussa kaikesta menosta. Se ei oikeastaan millään tavoin kuulunut heille. He olivat olleet tyytyväisiä lupsakkaan halkosavottaansa. Nyt oli vain työpaikka mennyt ja palkka lakannut tulemasta. Setvikööt ryssät välinsä niinkuin tykkäävät. Tuli vain kova halu päästä koti Suomeen tästä hornan kattilasta. Siitä tuntui tulevan melkoinen ongelma.

Kuitenkin esiin alkoi tulla taustalla toimivien vallankumouksen suunnittelijoiden ja salaisten johtajien vaikutus. Armeija oli siinä merkittävässä asemassa. Niinpä kun sotilaat olivat saaneet purkaa yhdessä alistettuna olleiden kansalaisten ohella enimmän raivonsa, alkoivat he organisoida uutta systeemiä. Lähinnä entisistä aliupseereista ja riittävän sukkelaan keisarin valansa kieltäneistä puolta vaihtaneista upseereista agiteerattiin sotamiesneuvostojen kokouksissa uusia komentajia. Perustettiin vallankumouskaarteja järjestyksen ylläpitoon ja romahtamassa olevan rintaman vahvistamiseen.

Kumppanukset olivat seurailleet aseman lähettyvillä lähtisikö junia pohjoisen suuntaan. Eräänä päivänä näytti olevan enempikin vilskettä. Laiturissa oli hyöryävä veturi. Punalipuin koristeltuna. Paljon väkeä. Varsinkin käsivarsinauhoin merkattuja sotilaita. Torvisoittokuntakin oli kasailemassa välineitään. Pojat utsivat ihmisiltä, että mitä meininkiä tässä nyt on tekeillään. Esille kävi vallankumouskaartin järjestäminen junaan, joka lähtee Pietariin avustamaan keisarivallan kukistamista. Silloin tuli pojille kiire.

Laiturilla oli jonossa sotilaita, joita päällepäsmärinä häärivä komissaari värväsi. Pojat jonoon ja kommissaarin juttusille. "Päästäänkö mukaan Pietariin kun ollaan suomalaisia työmiehiä?" Hyvin kelpasi perustelut vallankumouskaartille ja sinne vaan sotilaiden mukaan. Palopuheita pidettiin ja torvet soi. Seuraamassa oleva kansa hurrasi ja niin lähti juna Pietaria kohti. Väliasemilla oli samoja rituaaleja junan pysähtyessä. Komissaari villitsi ihmisiä puheillaan ja vallankumousta hehkutettiin viimeiseen veripisaraan saakka. Pojat eivät niistä viis veisanneet. Eikä likikään kaikkea ymmärtäneetkään, vaikka auttavasti jo kieltä osasivatkin. He olivat matkalla kotiin.

Pietarissa oli samanlaiset kumoukselliset tunnelmat. Korjaamattomia ruumiita ryöstettyinä kaduilla. Kiväärin laukauksia kuului. Kaartilaiset ryhtyivät järjestyksen pitoon. Ulkonaliikkumiskielto julistettiin ja kaikki ilman lupapapereita liikkuvat uhattiin ampua siihen paikkaan. Pojat liukenivat sopivan tilaisuuden tullen kaartilaisten jengistä. Alkoi varsin pelottava vaihe. Jollain tapaa olisi hiippailtava Puolan asemalta Suomen asemalle, että näkisi kulkeeko junat kotimaahan.

Yön tultua lähdettiin liikkeelle. Porttikongeissa kuunneltiin tarkasti kuuluuko patrullien saappaiden kopsetta ja sitten juostiin seuraavaan piiloon. Sinällään he olisivat ehkä selvinneet kuiville papereidensa turvin, jotka osoittivat heidän olevan suomalaisia työmiehiä. Nyt oli kuitenkin toinen pelko vielä. He olivat lähteneet kaartilaisten porukasta omille teilleen. Kuulusteluun jouduttaessa voisi ottaa ohraleipä. Sen vuoksi oli syytä pitää pesäeroa patrullien kanssa. Muutamia tapauksia kyllä tuli nähtyä miten kaartilaiset kiinnijääneitä kurmuutteli.

Suomen aseman seutuvilla sen sijaan oli yllättävän rauhallista. Selvisi junien vieläkin kulkevan Suomeen jokseenkin säännöllisesti. Venäläisissä tamineissa olevien poikien ei tarvinnut junassa pilettejä esitellä, eikä mitään kyselty. Oli aivan selvää kunnioitusta olemassa vielä väen keskuudessa emämaata kohtaan. Niin sitä vekslailtiin junissa aina Myllymäkeen saakka. Siitä oli vielä näpsäkkä taival Kivijärvelle.

Mutta sitten pojat ottivat maailmanmiesten otteet. Röyhkeästi käskettiin kievarien ylläpitämän kyydityspalvelun hoitaa matkanteko. Tuli sitten Takkalan kievarissa hevosten vaihto. Isäntä Ilmari, itsenäisyyshenkinen mies oli syömässä, kun pojat meinasivat määrätä matkantekoon. Isäntä söi vaan, eikä nokkaansa kopauttanut poikien jutuille. Pojat vähän kovistelemaan, että olisi kiire. Silloin rävähti: "Perkeleen ryssänkätyrit, jos ette tällä siunaamalla häivy silmistä, niin minä teille kyydit näytän." Nytpä pojat livahtivat liukkaasti takaisin ulos. Pihamaalla jouduttiinkin tuumailemaan, että apostolinkyydilläkö sitä nyt joudutaan loppumatka menemään. Kievarin isäntä tuntui olevan perin juurin kiukuissaan heidän venäläisistä puvuistaan ja jutuistaan. Totesivatkin olevan viisainta lähteä lampsimaan jalkapelissä kohti Kivijärveä.

Mikäpäs siinä olikaan, kun oli leppoisa kevätpäivä, eikä varsinaisesti oltu jäniksen selässä matkanteon suhteen. Ja saattaisi sitä nyt vielä päästä jonkun rahdinajajan kyytiinkin istumaan, kun ei suotta hätäile. Oli sitä kylläkin vielä melkoinen taival jäljellä mäkistä ja mutkaista tietä. Mukavalta kuitenkin tuntui tallustella kotimaan kamaraa kovin rähjäiseksi käyneen retken jälkeen. Alkoi Minskin ja Pietarin hornankattiloiden muistotkin haihtumaan mielestä hiljaisella kärrytiellä hipsutellessa metsän siimeksessä kotiseutuja kohti.

SYNKKIÄ PILVIÄ SUOMENKIN TAIVAALLE

Emämaan suunnalta puhaltaneet levottomat tuulet ulottuivat jo sisämaankin uneliaille maisemille. Oli kulkenut miehiä herättelemässä ajatuksia itsenäisyydestä. Keisarivallan sortumisen luultiin auttavan asiaa eteenpäin, kun santarmien painostus hellitti. Mutta uusia synkkiä uhkakuvia työntyi esiin. Oli kuviteltu itsenäisyyden olevan sen kaltaisen päämäärän, johon pyrittäisiin koko kansan voimin. Mutta vuosisatojen kehityksen seurauksena kehkeytynyt ristiriita tilattoman väestön ja omistavan luokan välillä osoitti kärjistyvän vaarallisella tavalla. Suuri unelma itsenäisestä kansakunnasta ei ollutkaan niin voimakas, että olisi ensin luotu valtio ja sitten keskitytty ratkaisemaan ongelmaa, joka hiersi yhteiskuntaa.

Hillitsemätön halu saada kaikki äkkiä ja rajoittamatta sumensi ajattelukykyä, estäen ymmärtämästä kuinka se olisi mahdollista. Sitä ikäänkuin katsottiin oikeutetuksi edistää aseellisella väkivallalla. Mallia saatiin emämaasta. Siellä ratkottiin pulmia voimapolitiikalla. Lakot sinänsä olisivat olleet hallittuina keinoina hyviä aseita päämäärien saavuttamiseen. Ne olivatkin jo sikäli tuottaneet tulosta, että hallitseva luokkakin alkoi ymmärtää alistetussa asemassa olevien pyrkimyksen parempaan elämään. Näitä ristiriitoja hyväksi käyttivät toisenlaiseen ideologiaan tähtäävät voimat. Lähestulkoon ihmisoikeuksia vailla olevaa suurta ihmisjoukkoa käytettiin vipuvartena diktatoorisen vallan anastamiseen pienelle eliitille.

Lakot masinoitiin mellakoiksi ja näin saatiin provosoitua kumpikin osapuoli tekoihin, jotka synnyttivät vihankierteen. Aseita oli yritetty hankkia maahan lähinnä mahdollisesti syntyvää vapaustaistelua varten, jos itsenäisyyskaavailut eivät muuten edisty. Kätevästi tämä olikin käännettävissä niin, että onkin kyseessä työväenluokan entisestään kovempaan polkemiseen tarkoitettu operaatio.

Vastapainoksi asetuonti sitten käynnistettiin Venäjältä sillä varjolla, että järjestyksen säilyttämiseksi se on tarpeellista. Luonnollinen kehitys johti aseellisten kaartien perustamiseen. Venäläinen sodan muutenkin kyllästämä miehitysarmeija ei juuri ollut kiinnostunut tästä kehityksestä. Aseita myytiin sille, joka maksoi. Kun sitten radikaali siipi pääsi sosiaalidemokraattien keskuudessa voitolle Venäjällä muuttui käytäntö. Armeijaa kannustettiin tukemaan Suomen sosiaalidemokraatteja. Suomen itsenäisyyttä havittelevat tahot olivat myös valmistautuneet tuleviin asetelmiin kääntymällä Saksan puoleen.

Alussa myös sosialistiset tahot olivat jonkun verran kannattaneet ajatusta Saksan avusta. Oli ajateltu sodan uuvuttaman emämaan sortuvan heikkouden tilaan ja siten olevan kykynemätön estämään itsenäistymistä. Johtopäätös olikin oikea. Bolsevikkien uuden vallankumouksen seurauksena syntyneen sisällissodan pyörteissä Pietarin vallanpitäjät hätäpäissään tunnustivat Suomen itsenäisyyden. Tosin sen verran ketunhäntää kainalossaan, että myös Suomessa suoritetun vallankaappauksen nimissä liittyminen uudestaan emämaahan tulisi kätevästi hoidettua.

Tämänkaltainen ukkosmyrsky oli paisumassa, kun Jussi tuli reissultaan syntymäseuduilleen. Jussilla oli edessään melkoinen jaakobin paini oman itsensä kanssa. Hän oli lähinnä elänyt vain sen nurjan puolen. Luonnollisempi ratkaisu olisi ollut liittyä sosialistien ajamaan vaihtoehtoon. Mutta Venäjällä nähty tämmöisen vallankumouksen raakus ja ihmisarvojen yhtälainen polkeminen maahan olisi ihan sitä samaa vallan väärinkäyttöä, mitä nämä toisetkin käyttivät.

Kumpikaan osapuoli ei siis olisi toisiaan parempi. Mutta kahta samanlaista voimakeskittymää ei maassa voisi olla. Tai muuten olisi yhden valtion sijaan muodostettava kaksi erillistä. Se vähäinen kotikasvatus, jonka Jussi oli kerinnyt kotona saada, oli erittäin sovinnollinen ja ihmisläheinen. Isä oli sovittelija riidoissa ja häntä haettiin apuun kuolevien luokse, kun elämää piti tilittää Jumalalle. Näitä seikkoja piti vaakakupissa punnita. Kun sitten huhuja alkoi tulla ryöstöistä, murhista ja hallituksen pakenemisesta oli päätös tehtävä. Niinkuin huhuilla on vielä tapana kehittyä matkan varrella suuremmiksi, kävi tässä tietenkin niin.

Suojeluskunta oli jo perustettu, mutta siihen Jussi ei ollut osallistunut. Hän teki päivätöitä maataloissa työmiehen vakanssilla. Hyvänä ja tarkkana työntekijänä Jussilla oli aina töitä, eikä erityisempiä ristiriitoja isäntien kanssa ollut. Seikkaluretken jälkeenkin hän pääsi leivän syrjään kiinni.
Näitä juttuja myös pohdittiin kaverien kesken ja päädyttiin samanmoisiin ajatuksiin. Kun sitten sattuivat huomaamaan Mannerheimin allekirjoittaman värväysjulisteen Jyväskylässä perustettavasta pataljoonasta hallituksen tueksi, oli asia selvä. Pojat tielle tallustamaan Jyväskylää kohti. Kolmen päivän lampsimisen jälkeen tulivat Taulumäen paleneen kirkon kohdalle. Siinä suojeluskuntalaisten patrulli valvoi kaupunkiin tulijoita.

Rähjääntyneen oloiset reissumiehet napattiin heti kuulusteluun. Tentattiin, "millä asioilla liikutaan". Kaverukset olivat taas maailmanmiehiä ja totesivat ylimieisesti, että "mepä ei siviilimiesten kanssa aleta millekää, pitää olla vähän nappia kauluksessa". Siihen suojeluskuntalaiset, että "kyllä teille nappiherrat löytyy, kiväärit tanaan ja sitten mennään".

Tulivat sitten koululle, jossa Saksan jääkäri huseerasi ylimpänä ja ilmoittivat, että "taas näitä hiipareita tuli maalta". No jääkäri katseli poikia ja kysyi sitten, että "milles asioille sitä ollaan menossa?". "Sotaan meinattiin lähteä" vastailivat jääkärille. Tämä vähän kieronlaisesti utsi, että "mihinkäs sotaan sitä meinataan mennä?". "No kun semmoinen joku Mannerheimi sitä näyttää miehiä kaipaavan", nämä vastailee. "Jahas, sitä on pojat lähteneetkin oikealle asialle", sanoo jääkäri ja jatkaa, että "sieltä sitten vaan naisilta keittoa hakemaan ja koululle nukkumaan, aamulla heti lääkärin syyniin, niin siitä se alkaa". Ja niin värväytyi Jussi II krenatöörirykmentin I Jyväskylän pataljoonaan.

JYVÄSKYLÄN PATALJOONASSA

Lääkärin tarkastuksessa todettiin Jussi terveeksi ja kelvolliseksi sotahommiin. Sen tien alkoi äkseeraukset läheisellä Jyväsjärven jäällä. Sutjakka sotapoika Jussi olikin. Ei ainakaan ylimääräiset kilot menoa haitanneet. Noin 177 cm oli pituus ja painoa 63 kg. Alkuharjoitukset oli Jyväskylässä ja jatkokoulutukseen mentiin Lapualle. Eikä sielläkään kauan keritty temmeltää, kun etelässä tilanne oli käynyt kriittiseksi. Pataljoona junaan ja Haapamäkeen ja edelleen Vilppulaan. Jussin komppania komennettiin rintamalle. Mannisen rintaman Seppälässä miehet alkoivat olla lopussa kovan monipäiväisen painostuksen vuoksi. Punaiset pyrkivät kiivaasti kiertämään Vilppulassa olevien valkoisten selkään. Vaihtomiehistöä oli saatava nopeasti.

Kuulaassa pakkasyössä miehet marssivat etulinjaa kohti. Vaihto oli tehtävä yöllä. Päivisin oli tykki- ja konekiväärituli sen verran ankaraa ettei tullut kysymykseenkään liikkuminen näkösällä. Oltiin vielä metsikön suojassa, kun ilmeisesti hangen rohina herätti punaisten huomion ja konekivääri alkoi laskea suihkuja metsikköön. Se oli ensimmäinen tulikaste miehille. Lyötiin maihin reippaasti. Porukkaa vetävä jääkäriupseeri ei ollut moksiskaan. Seisoskeli vaan ja hetkisen päästä komensi liikkeelle. Yli menee, puiden latvoja hipoo.

Edessä oli peltoaukea kahden järven kannaksella. Siinä metsänrajassa oli maahan kaivetut pesäkkeet kahdelle miehelle kerrallaan. Edessä oikealla Nenosen talo ja jykevä kivinavetta. Siellä oli konekivääri- ja tykkiasemat punaisilla. Pois pääsevät miehet antoi vähän ohjeita uusille tulokkaille. "Kunhan aamu valkenee, niin alkaa tykit louskuttaa ja konekiväärit ruimia. Vähän ennen puoltapäivää lähtevät hyökkäämään. Annatte vaan tulla niiden sopivalle hollille ennenkuin ammutte, ettei turhaan mene panoksia. Kun saatte muutaman ukon keikautettua siitä edestä, niin loput lähtee käpälämäkeen. Sitten alkaa taas tykit puhua. Puolenpäivän jälkeen seuraa sama komento. Paukut niiltä ei ampumalla lopu. Yöllä sitten vasta pääsette vaihtoon."

Punaisten tykkimiehet ei vissiin osanneet ampua epäsuoralla tulella, vaan pelkästään suorasuuntauksella. Kranaatteja tuli kyllä tiuhaan tahtiin. Laakana ne hujelsi asemien yli metsään tai posahteli pellolla. Kaivettu maa oli jäätyneenä vallina pesäkkeiden edessä niin, että se suisti luodit ja sirpaleet päiden yli. Ei siinä tappioita tullut. Ainoa vähän jännä tilanne syntyi, kun suutariksi jäänyt kranaatti tulla kolisteli yhteen monttuun vallin yli. Kaveri ei jäänyt ihmettelemään, vaan heitti sen takaisin yli laidan. Kuuma oli, että meinasi rukkaset kärähtää.

Pitkä vuoro se oli kylmässä ilman ruokaa. Ja vahtia piti kyllä herpaantumatta, etteivät pääse yllättämään jollain konstilla. Oltiin jo maaliskuun puolen välin paikkeilla ja päivälläkin oli pituutta. Sitten tulikin jo käsky lähteä hyökkäämään. No ei siinä ollut oikein mitään keinoa. Kivinavetan suojassa majaileville punaisille ei pelkillä kivääreillä mitään mahtanut. Sen nyt ymmärsivät herratkin ja hyökkäys keskeytettiin. Jossain ylempänä oli myös ajateltu asiaa. Luvattiin, että seuraavana aamuna homma ratkeaa, kun saadaan tykki puhumaan.

Aamu valkeni ja odoteltiin ja kuunneltiin kranaattien pauketta punaisten tykeistä. Mutta sitten rymähti. Paljon punaisten paukkuja kovempi jysäys. Komea multasuihku nousi läheltä navettaa. Sitten oli pitkään hiljaa ja luultiin, että siinäkö tuo nyt oli. Vähän jo vitsailtiin meidän paukuilla. Vaan alkoikin niitä kovia paukkuja viimein tulla peräjälkeen. Tuntui jo samanlaiselta jytinä kuin Saksan rintamalla konsanaan. Siinä näytti navetta ja tykkiasemat leviävän romuiksi. Sitten vollottivat isot kranaatit jonnekin paljon kauemmaksikin. Kohta tulikin sana, että saatte lähteä liikkeelle. Punaiset on menneet menojaan, että hippulat vinkui.

TAMPERETTA KOHTI

Jussin joukkue ei varsinaiseen takaa-ajoon enää lähtenyt. Palattiin takaisin Haapamäelle ja punaisten rintaman murruttua Länkipohjassa ja Orivedellä siirryttiin Korkeakoskelle. Ja edelleen Oriveden kautta Suinulaan. Kovia taisteluja oli käyty kuten jäljistä näkyi.

Nyt oli alkanut liikkua myös kovia juttuja punaisten tekemistä murhatöistä. Tehtiin selväksi, ettei vangiksi voi antautua missään tapauksessa, sillä muuten tulee heti ammutuksi. Kerrottiin, että haavoittuneetkaan ei armoa saa. Oltiin alunperin siinä luulossa, että pääasiallisesti ryssiä vastaan tapeltaisiin, mutta tuntui olevan väärä tieto. Kyllä ne vaan oli lähinnä etelän seutujen punakaartilaisia, joita vastassa oli.

Meille oli tehty selväksi armeijan ohjeet. Pataljoonan komentaja oli vanhan kaartin upseeri ja kaikki piti tehdä sääntöjen mukaan. Antautuneita tuli kohdella sotavankeina ja näin ollen henki oli turvattava. Saaliiksi saadut sotatarvikkeet oli luovutettava valtiolle ja vallatun alueen omaisuutta ei saanut ryöstää eikä tuhota.

Käskynjaolla näitä asioita tähdennettiin ja rikkojia uhattiin ankaralla sotalain rangaistuksella. Meillä keskisuomalaisilla näiden juttujen noudattaminen ei ollut erityisen vaikeaa, kun omaa lehmää ei ollut ojassa. Lisäksi oli saatu verrattain tiukka koulutus upseerien johdolla ja käskyjen noudattaminen tehty selväksi. Oli myöskin tietynlainen ammattiylpeys heti iskostettu mieliin. Oltiin sentään krenatöörejä, eikä kurittomuutta saanut harrastaa. Oli oikein yhtenäiset sotakamppeet, ettei oltu mikään rajamäen rykmentti. Mutta joukkoja ja osastoita oli kaikenlaisia ja varsinkin paikallisista suojeluskunnista olevien, joiden kodit oli tuhottu ja omaisia murhattu, kostonkierre oli hallitseva.

Panssarijunaa vastaan jouduttiin jonkun kerran ottelemaan. Varsinkin, kun oltiin Kangasalla ja yrittivät vallata sitä takaisin. Oli saatu tietoja vaasalaisilta, miten homma pitää hoitaa. Nämä kun olivat sitä kantapään kautta opetelleet. Olivat pyrkineet metsän suojaan radalta, mutta juna tuli liian nopeasti ja kerkisi ruimia konekivääreillä pahaa jälkeä. Homma piti hoitaa niin, että junan hyökätessä lyödään ihan ratapenkkaan maihin. Ne eivät pystyneet siihen ampumaan. Konekiväärit oli asennettu liian ylös, että siinä jäi katveeseen. Sitten ampua louskutettiin pohjan läpi vaunuihin. Ne oli niin ohuet, etteivät pidättäneet luoteja. Mölinä vaan alkoi kuulua, kun napsittiin sinne ihan vaan summittaisesti.

Se oli sitten 24 päivä jo maaliskuuta menossa. Lähdettiin marssimaan Kangasalta Liuksialan ja Hervannan kautta metsäteitä Kuljua kohti. Vesikelit oli loppuneet ja ilma kylmentyä. Siitä lampsittiin oikaisten Hyötämäsjärven yli. Suoja oli nostattanut kohvavettä jäälle. Lähestyttiin rantaa työväentalon kohdilla ja sieltäpä alkoivatkin sitten ammuskella meitä. Piti oikein lyödä maihin loskaiseen lumeen. Kastuttiin aika mukavasti. Meitä oli sentään aika iso joukko ja kun jonkun kerran räväytettiin vastaan, katsoivat viisaimmaksi häipyä.

Noustiin maihin ja siitä rautatielle. Lempäälästä päin oli rata jo katkaistu ja tykki asemissa. Oltiin märkiä ja väsyksissä koko päivän rämpimisen jälkeen. Kylmillään olevaan taloon oikaistiin lattialle nukkumaan. Uunitkin oli jäässä, ettei tulta saanut tehtyä, kun hormit ei vetäneet savua. Pakkasta oli jo kymmenkunta astetta ja kova koillistuuli. Oltiin aivan lopussa, ettei kerennyt kuin selälleen kellahtaa ja vintti pimeni. Ei haitannut märkyys tai kylmyys. Tuntui ettei kunnolla ollut nukahtanutkaan, kun tykin jyräys herätti. Olikin jo päivä valkenemassa. Panssarijuna oli tutkailemassa rataa Lempäälään päin ja tykkimiehet antoi lähtöpassit.

HATANPÄÄ

Viimein lähdettiin heittämään lapikasta pitkin rautatietä Tamperetta kohti. Jäinen viima puhalteli ja pakkasta toistakymmentä astetta. Märät rytkyt jäätyivät kovaksi kuoreksi, mutta se olikin vaan hyväksi. Vaatteista tuli tuulenpitäviä. Panssarijunalla pitivät varmaan vahtia, että missä mennään. Välillä tekivät syöksyjä ruimien tykillä ja konekivääreillä. Osattiin jo homma, ettei juuri tappioita tullut. Särkijärven kannaksella etumaisena tallusteleva ensimmäinen komppania törmäsi väijytykseen. Alkoi aikamoinen tulitus kuulua. Konekiväärit paahtoi kuin viimeistä päivää.

Saivat Karstulan pojatkin koneitaan lämmitellä oikein kunnolla. Kaatuneita näytti tulevan melkoisesti, kun yrittivät vallata sitä mäkeä. No ei sitä niin vain rynnimällä ajettu punakaartia hyvistä asemista. Sitten meidän kolmas komppania, joka hännillä marssi, käskettiin kiertämään vihollisen selkäpuolelle. Sen kun hoksasivat, niin jopa lähtivät käpälämäkeen.

Hidasta ja vaivalloista oli matkan teko. Piti edetä korva tarkkana sen junan takia, että ehtii sen kiusantekijän alta pois. Iltasella viimein päästiin Hatanpäähän. Asetuttiin yöpuille koulun tapaiseen rakennukseen. Kyllä sitä taas oltiin nälissään ja aivan sipissä. Reporankana lattialle sorruttiin. Taas se kävi niin, että tuskin kerkisi huokaista, kun tykki jyrähti. Aamuhan se oli tullut. Vartiosta ulkoa huutivat kurkku suorana: "Panssarijuna, panssarijuna..."Saman tien rytisi kattorakenteissa luotisuihkut. Matalana vaan joku karjui, se ei pysty näin alas sihtaamaan.

Konttaamalla mentiin ulos ja ensimmäisenä menneet huomasikin ettei tuo mikään pansarijuna ole. Tavallisia härkävaunuja nuo on. Radalla asemissa oleva tykki losautteli laakeja sitä kohti. Siinä oli veturi keskellä ja kaksi vaunua edessä ja joitakin takana. Taisi siihen osua kun pysähtyi. Mekin siinä ruvettiin ampumaan kivääreillä sinne päin. Ja oli sitä meilläkin kuusi konekivääriä. Kun pojat sai myllyjä käyntiin tuli siellä varmaan tupenrapinat puuvaunuissa. Sitten lähtikin veturi takaisin Tampereelle ja ne kaksi vaunua jäi siihen. Ukkoja yritti hyppiä ulos, mutta siihen penkkaan ne listittiin. Sieltä lakkasi ammunta kokonaan. Me vain seisoen ja poskelta tähdäten paukuteltiin vaunuihin. Viimein tuli veturi takaisin ja joku urhoollinen luotisateessa kytki sen vaunuihin ja pääsivät ajamaan pois pälkähästä.

Koko pataljoona järjestettiin hyökkäykseen kaupunkia kohti. Aluksi menikin hyvin ja kerettiin jo sinne peltoaukeille, kun alkoi vastustaa. Alkoi tulla ristitulta Ratinanniemeltä ja Pyynikinharjulta. Tappioita syntyi heti. Komentajakin haavoittui. Olisikin tainnut käydä kalpaten, mutta kun Pyynikiltä alkoi tykit ampua, niin syntyi kuoppia peltoon. Jääkäri laittoi viestiä, että kranaattikuoppiin ja äkkiä. Ei sinne kahta kertaa samaan paikkaan osu. Vaan osuipa melkein ainakin. Ihan viereen rytkähti ja sain semmoisen multakuorman päälleni, että tukehtua meinasi. Jumissa oltiin kokonaan. Tuli melkoisen työläs ja pitkä päivä. Iltapimeään asti maattiin pellossa ainakin kymmenen tuntia. Sitten päästiin takaisin ja mentiin Partolaan. Siinä oli kait tullut isoille herroille jokin häverikki, kun meidät pantiin yksin Tamperetta valtaamaan. Toiset pataljoonat eivät olleet lähteneetkään hyökkäämään.

Olikin meidän porukka runneltu siihen jamaan, että herratkin hoksasi määrätä huilivuoroon. Asetuttiin Viikinsaareen ja Lehtisaareen. Vahtia pidettiin Pyhäjärven jäälle päin. Jonkun verran ammuskelivat härintätulta kaupungista. Kuunneltiin vaan jytinöitä, kun muut porukat tappeli ahneesti. Kovia juttuja kierteli hirmutappioista. Oli kuuleman mukaan ruotsalaisiakin tullut ja saaneet melkoisen tulikasteen nekin.

VARTIOPALVELUA PYHÄJÄRVEN SAARISSA

Pataljoona oli parin vuorokauden aikana kärsinyt melkoiset menetykset. Kangasalta lähdettäessä vahvuus oli vielä liki viisisataa miestä. Nyt oli raskaan matkan aikana Kuljusta Hatanpäälle panssarijunan kanssa nahistellessa ja varsinkin Särkijärven sulkuaseman verinen läpimurto tuonut tappioita. Pisteenä iin päälle tuli väärinkäsitysten ja eräiden viestintään liityvien syiden takia torsoksi muodostunut hyökkäys kaupunkia kohti. Puhelinyhteyksiä ei ryhmien välillä ollut.

Tärkeitä käskyjä kuljettavat lähetit hävisivät matkalle. Ilmeisesti tulivat sala-ampujien uhreiksi. Kun muita tietoja ei tullut ja kun aamuvarhain alkoi kuulua voimakasta tykistötulitusta viereisen kolonnan suunnasta, niin uskottiin hyökkäyksen käynnistyneen siellä. Sitä ei voitu arvata, että punaisten ja valkoisten patterit kävivät keskinäistä köydenvetoa, eikä hyökkäyksestä tullut mitään. Sen sijaan Jyväskylän pataljoona lähti. Seurauksena oli, että se joutui Ratinanniemen konekiväärien hampaisiin yksinään, kun sivustalla ei ollut tukea. Samoin tykkipatterit saivat rauhassa sitä moukaroida. Seurasi kellonkierroksen mittainen makaaminen ristitulessa avoimella kentällä. Kaatuneiden, haavoittuneiden ja kylmyydestä sairastuneiden miesten poistuminen riveistä aiheutti sen, että nyt oli vain hiukan yli kaksisataa jäljellä.

Viikinsaareen oli laitettu neljä konekivääriä asemiin. Pimeyden varalta ampumasektorit oli suunniteltu valmiiksi. Ja huhtikuun ensimmäistä päivää vasten yöllä alkoi jäältä kuulua melua. Tuntui suuri joukko olevan liikenteessä. Konekiväärit aloittivat sulkutulen suunnitelmien mukaan mahdollisimman kattavasti. Siinä sitten kiväärimiehetkin ammuskelivat äänien suuntaan. Aamun valjetessa nähtiin murheellista jälkeä tulleenkin. Se jäi siten ainoaksi ulospyrkimiseksi Pyhäjärven suuntaan. Miehet lepäilivät vartiovuorojen välillä ja kuuntelivat kaupungin ympäriltä kantautuvia sodan ääniä.

Kolmannen päivän vastaisena yönä tuli hälytys taisteluvalmiuteen. Nyt sitten kerrottiin, että kolmen maissa yöllä alkaa suurhyökkäys Tampereelle. Operaatio käynnistyy tykistökeskityksellä. Tieto pitikin paikkansa. Kyllä unet karisi silmistä. Koko taivas rupesi liekehtimään putkitulien leimusta. Pian myös itse kaupugissa roihusi tulipalot. Näytti kuin maailmanlopun meininki olisi menossa. Tykkien vaiettua kaupunki vaan paloi ja taistelun äänet muuttuivat kiväärien rätinäksi.

Sitä sitten saatiinkin kuunnella muutama päivä. Kuudentena päivänä tuli sitten lähtökäsky. Jouduttiin itse kaupunkiin järjestystä valvomaan. Meille luettiin sellaiset madonluvut, että ryöstösaaliin ottaminen ja vankien epäasiallinen kohtelu on ankarasti rangaistava teko.

Vielä oli semmoisia sala-ampujia, jotka kyttäilivät varsinkin jääkäreitä. Yöllä, kun parivartiossa lampsittiin määrättyä kierrosta ulkonaliikumiskieltoa valvomassa, niin vähän selkäpiitä väristeli. Sitä olisi saattanut luoti napsahtaa milloin hyvänsä.

Jos voisimme kuvitella, että olisi olemassa sellainen paikka kuin helvetin esikartano, niin seitsämännen päivän aamu Tampereella olisi lähellä sitä. Savuvia raunioita. Tykkitulen sortamia rakennuksia. Ruumiita, ihmisten ja hevosten, lojui kaduilla. Kaikkea mahdollista särkynyttä roinaa. Mustissa vaatteissa varjojen lailla hiiviskeleviä naisia etsimässä omaisiaan kuolleitten joukosta. Valkoisten kaatuneet kerättiin jokseenkin järjestäytyneesti evakuointipaikoille tunnistetaviksi ja laatikoissa lähetettäväksi kotiin.

Punaisten ruumiita alettiin sitten viimein vankityövoimalla kärrätä hautausmaan takamaille suuriin rytökasoihin kuin jäteroinaa.

Apaattisia ja elämänhalunsa kadottaneita vankeja marssitettiin torille. Maakunnista alkoi tulla koston myrkyttämiä suojeluskuntalaisia valkkaamaan vankien seasta ryöstöihin ja murhiin sekaantuneita kaartilaisia. Niillä ei ollut yleensä kuin lyhyt tuomio. Silmä silmästä, hammas hampaasta.

Venäläisille oli jo ajat sitten julistettu, että kaupungin valtauksen jälkeen ei armoa enää tule. Niinpä monet hätäpäissään koettivat naamioitua tavallisiksi punakaartilaisiksi. Mutta ulkoista olemusta oli vaikea muuttaa. Jos herätti epäilystä onko venäläinen, käskettiin sanoa "yksi". Jos vastaus oli "juksi", se oli sitten menoa kuopan laidalle.

Silloin tällöin vielä syntyi laukausten vaihtoa piileskelevien ampujien etsintöjen yhteydessä. Sen sijaan hieman itse kaupungin ulkopuolelta kuuluva pitkä yksinäinen konekiväärisarja kertoi karua kieltään sisällissodan julmuudesta. Asiat soljuivat ihmisten alhaisimpien vaistojen vyörynä. Täällä oli paikallisilla asujilla paljon kärsittyjä vääryyksiä tasoitettavina.

Keskisuomalaisista värvätty palkkasoturijoukko oli sentään keritty kouluttaa alustavasti vanhan kaaderiupseerin johdolla ymmärtämään, että myös sodalla on säännöt. Niitä tuli noudattaa sotaoikeuden uhalla. Lisäksi heillä ei ollut mitään henkilökohtaisia rasitteita. Mutta vähäinen oli vajaalukuisen pataljoonan merkitys yleiseen tilanteeseen. Kunhan kiersivät katuja vailla mahdollisuutta puuttua ylikäyvään myrskyyn.

KATUPARTIOSSA

Pimeässä kaupungissa vain taivaalta kajastavassa valossa kiersi Jussi kaverinsa kanssa vartioreittiään. Kuten monesti oudoissa tapahtumissa, hän taas häipyi todellisuuden ulkopuolelle ajatusmaailmaansa. Hän mietiskeli tätä kaikkea viimeaikojen myllerrystä, miksi oli siinä mukana.

Venäjällä hän oli nähnyt, miten vallankumous alkoi. Kylmäveriset upseerien ja virkamiesten murhat ja ryöstöjen yhteydessä tehdyt hirmutyöt. Ja kansan hillittömän juhlinnan onnistuneista teoistaan. Jotkut tahot taka-alalla pysytellen ohjasivat kuitenkin sinänsä sekamelskaista virtaa tiettyyn suuntaan.

Tampereella hän nyt näki sen jälkimäisen puolen raadollisuuden. Sen kuinka hävinneet murskataan ja kuinka kosto saa kaiken hallitsevan vallan. Ihmisyys katoaa jonnekin pauhaavan myrskyn jalkoihin.

Alle kymmenvuotiaana lapsena hän kyllä oli saanut jo tiukan ohjeistuksen elämään isän vielä eläessä. Isä oli ollut jonkinlainen saarnamies ja ankaran kristillinen opetus oli myös lapsilla. Nämä seikat olivat painaneet vaakakuppia hänen puolenvalinnoissaan, kun kansakunta jakutui kahtia.

Taustalla häilyi sanonta joka miekkaan tarttuu, se miekkaan hukkuu. Myöhemmin hän kyllä tiedosti kaiken sen epäoikeudenmukaisuuden, mitä paljon tapahtui. Kodittomana huutolaispoikana sitä ei voinut välttää. Mutta myöskin se, että vääryys maksetaan vääryydellä, ei ollut oikein. Viimeinen piste oli, kun venäläiset tulivat kuvaan mukaan ja juuri alkanut itsenäisyys tuli uhatuksi. Kun Jussi viimein oli päässyt näkemään sinne horisontin takaiseen maailmaan järven taakse, oli siellä suuri ja kaunis maa. Seikkailu Venäjällä oli vahvistanut käsitystä, että oma kotimaa oli sittenkin parhain asuinpaikka.

Vartiomiehet liikkuivat hiljakseen ja varoen. Ohjeetkin oli kiristetty äärimmilleen. Aseelliset kaartilaiset sai ilman muuta ampua nyt, kun aseet oli pitänyt luovuttaa antautumisen jälkeen. Tämä kiristys johtui sala-ampujien toiminnan lopettamiseksi. Jussi oli saanut eräänlaisen opetuksen tämmöiseen menoon. Tosin tavallaan toiselta puolen katsoen. Pietarissa oli piileskelty juuri yöllä patrulleja, jotka tekivät samaa hommaa kuin he nyt täällä. Sen vuoksi hän tarkkaili ja kuunteli erityisiä piilopaikoiksi sopivia paikkoja ja kadunkulmia. Kaveri seurasi vierellä, sillä Jussi oli tehnyt selväksi, että hän ei olekaan ensimmäistä kerta pappia kyydissä.

Pimeässä herkistynyt kuulo varoitti erästä poikkikatua lähestyttäessä askelten äänistä. Sydän otti välittömästi lisää kierroksia ja veri sai vauhtia suonissa. Juuri tämä oli yksi vaikea hetki, jota hän pelkäsi. Hän ei ollut varma siitä, että jos nyt edessä oli tilanne, jossa asetta pitäisi käyttää, pystyisikö siihen. Oli eri asia ammuskella taistelussa kaukana olevaa ihmistä ja oikeaa vihollista, joka teki itsekin samoin. Kohtalon huomaan jäi siten suuri osa myöskin.

Nyt kuitenkin voisi olla edessä kasvotusten ihminen, jonka elämästä pitäisi tehdä ratkaisu. Kulman takaa tupsahti pari hahmoa näkyville. Heti kyllä eroittui valkea nauha, mutta ei se vielä varmistanut asiaa. Punakaartilaiset olivat yrittäneet nauhoja valkoisiksi vaihtaen päästä soluttautumaan miehittäjien joukkoon. "Seis siihen paikkaan" karjaisu. Yllättyneet kulkijat jähmettyivät paikoilleen. "Tunnussana?" Pienen viiveen jälkeen hiukan epävarmasti: "Anianpelto", sitten: "Mitä pirrua teällä hortoilatte?" kysyy Jussi. "Taejetaan olla eksyksissä. Ei oo tuon taevoallista tietoa missä ollaan". "Elekeä aenakaa tästä mänkö. Tää on meijän alue. Mänkeä voan takasi jälillönne kait jonneki löyvätte", neuvoo Jussi. "Nää kaupunkit on kas yhenlaesia paikkoja, sekovaa näetten kans, kaet pittää yrittäe", vastailee miehet. Lähtevät sitten osailemaan takaisin päin. Jussi vielä viisaa miehiä: "Mänkeähän varroen, ettettä tapata ihteänne".

SODAN RATTAAT JAUHAA

Huhtikuun yhdeksäs päivä 1918 valkenee kevään raikkaudesta kuulaana. Auringon kiivetessä metsänrajan yli sen sädevirta valahtaa peltojen yli kipunoiden jääkiteiden kristalleissa. Osassa peltoa on tummia läiskäreitä, joissa valo ei jaksa leikkiä. Veren kostuttamassa maassa hohto sammuu. Kaukaa vasemmalta kuuluu tykin lähtölaukaus. Se laukkaa peltoaukeilla törmäten metsän rinteisiin. Potkii kaikuna takaisin ikäänkuin vahvistuen ja hyökäten uusin voimin ylös päästäkseen katoamaan taivaan tyhjyyteen.

Laakson pohjalla makaavan ojan yllä luikertelee valkeita usvalepereitä pienen yöpakkasen jäljiltä. Kuusikon hömötiaiset sirraavat kevään karkeloiden alkajaisiksi. Jos voisi nousta linnun siivin hyvin korkealle katsomaan kauniin maan heräämistä yön jäljiltä, näkisi jotain hyvin outoa. Kaikenlaista tarmokkaan oloista toimintaa viritellään halki eteläisen Suomen. Kymmenet tuhannet nuoret miehet valmistautuvat kaikin mahdollisin keinoin tappamaan toisiaan. Ihmisten mielet pimentää auringolta koston enkelin mustat siivet.

Suomelan ohi Vesilahden kirkonkylään menevän tien vierellä pellon laidan kuusikossa on synkkä tunnelma. Kireät juonteet kasvoillaan ja värepuistatusten ravistellessa hartioita seisoskelee pieni miesryhmä. Yksi heistä, jääkärivänrikki, istuu puunjuurella pitäen päätään käsien välissä itkuntyrskähdysten puistatellessa koko vartaloa. Toistelee sanoja: "Mitä minä nyt sanon, mitä minä nyt sanon, koko komppania tapettu." On siinä sentään yksitoista miestä vielä tepastelemassa. Vähän alle kuusikymmentä oli vahvuus lähtiessä tälle komennukselle. Yli neljäkymmentä oli nyt poissa, joista kaatuneita liki kaksikymmentä.

Vänrikki oli vielä liian kokematon hahmottamaan kokonaistilannetta. Hän suri ensisijaisesti miehiään. Korkeammalla esikunnassa ei pysähdytty miehiä muistelemaan. Karttojen ääressä voitiin siirtää etulijaa osoittavaa viivaa selvästi eteenpäin. Tie kirkonkylään oli saatu suljetuksi ja hyvät asemat myös sen pitämiseksi. Jostain syystä oli tavoitteena olleen Rahoilan torpan ohi menty vielä aikalailla pitkästi, melkein Suomelaan. Kummallinen opas, joka oli tietävinään, minne mennään, oli hävinnyt pimeyteen. Komppania käveli suoraan konekiväärin tuleen. Mutta kaiken kaikkiaan maastovoittoa oli nyt tullut enemmän.

Seuraavana sunnuntaina pidettiin Uotilan talon pihamaalla kenttäjumalanpalvelus. Pappi puhui kauniisti siitä, mitä pienen keskisuomalaisen kylän ihmiset mahtavat tuntea, kun miehet saapuvat retkeltään puulaatikoissa. Itsenäisyys tulee kalliisti hankittua sielläkin. Hartauden jälkeen käskynjaolla määrättiin kolmannen komppanian jäännös liitettäväksi toiseen komppaniaan siksi kunnes haavoittuneita ja muita sairaslomalaisia palaa riittävästi takaisin riviin.

PUNAISTEN KERTOMAA

Kirkonkylään päin katsovassa mäessä tien vasemmalla puolen oli keskeneräiseksi jäänyt navettarakennuksen kivinen sokkeli ja tiilikasoja. Ulkorakennus, jossa korkeat tolpat alarinteen puolella. Vähän laudoilla verhottu alusta, missä kaikenlaista rojua kerättynä. Sinne oli konekivääriasema laitettu. Ampumalinja vastapäisen mäkirinnan puoleenväliin suunnattuna. Ikäänkuin odottamassa siihen rauhassa marssivaa komppaniaa.

Raskaiden monipäiväisten taistelujen jälkeen silloista ja itse Suomelasta, kun väkeä kiihkeästi hoputettiin kiertoliikkeeseen Vesilahden kautta Lempäälän asemien murtamiseksi, olivat miehet kuoleman väsyneitä. He eivät olleet jaksaneet ajaa takaa valkoisia kuin Rahoilaan saakka. Sieltäkin nämä itse perääntyivät takaisin.

Vain konekiväärin miehistö jäi vartioon mäkeen, muiden nukkuessa. Rankka oli heilläkin yöllinen taistelu. Kun aamulla miehet haettiin vaihtoon niin konekiväärin ampuja oli niin huonossa kunnossa, että "järjen valo hänen silmistään oli sammunut". Nyt viimeinkin ymmärsi hyökkäystä johtanut punapäällikkökin, että Tampere oli lopullisesti menetetty ja joukot jäivät puolustusasemiin. Itse hän lähti teille tietymättömille niinkuin tapana oli Hugo Salmelaa lukuunottamatta.

Toivottomuus oli hyvinkin selvä asia, kun edelliset Suomelan puolustajat oli useasti lyöty ja aina vaan tuli uudet vastustajat. Ja nyt tuli siten jälleen uusi pataljoona. Punaistenkin tuntema oikeasti koulutettu osasto. Varsinkin nimi "krenatööri", oli peloittava propagandalla muutenkin kyllästettyjen miesten mielissä. Siirryttiin asemasotavaiheeseen.

Myös Jussin porukalla alkoi nyt lokoisat päivät, kun pataljoona sai jäädä pois hyökkäysoperaatiosta. Valvottiin vain etulinjaa, eikä punaisetkaan muuten osoittaneet aktiivisuutta, kuin ampumalla ilmeisesti loputtoman suuria varastojaan pois. Kivääri- ja tykkituli oli vilkasta päivät pitkät. Siihen pojat tottuivat, ettei se tuntunut muita hommia kummallisemmalta. Oli aikaa hassuteluunkin ja punaisten härnäilyyn. Siellä toisella puolenkin kyllä jujut hoksattiin.

Punaiset tosin yrittivät tehdä oikein ilkämielistäkin koiruutta. Polttelivat oman puolensa taloja Vesilahdella. Joitakin ihmisiä myös talonsa mukana. Ovet ja ikkunat teljettiin ulkoa päin ja talo tuleen. Valkoisten puolen taloja ammuttiin sytytyskranaateilla palamaan niin pitkältä kuin ylsi.

Oli sitten lämmin auringon paisteinen päivä ja pojat viettivät luppoaikaa riihen seinustalla istuskellen. Kävi vain humaus ja hirmuinen jysäys. Kranaati sukelsi riiheen sisälle ja räjähti siellä. Pojat ampaisivat vauhdilla ylös, mutta yksi kaveri vaan jäi istumaan. Sitä siinä sitten heräteltiin ja hoputeltiin, mutta mitään ei virkkanut. Sanitääri haettiin katsomaan ja kun sitä tutki, totesi, että kuollut tämä on. Laakin on tainnut saada siitä pamauksesta. Eipä sen parin viikon asemasodan aikana muita tappioita meidän sakilla ollutkaan.

TAKAA-AJO ENÄÄ JÄLJELLÄ

Kovasti oli Jussin pataljoona tullut murjotuksi heti Vesilahdelle tultuaan. Vahvuudeltaan se oli oikeastaan vain komppanian kokoinen. Täydentäminen oli sikäli hankalaa, että värväystoiminta oli lopetettu, koska oli päädytty yleisen asevelvollisuuden käyttöönottoon. Kouluttamattomia vapaaehtoisia, suojeluskuntalaisia ja asevelvollisia ei haluttu värvättyjen joukkoon mielellään sekoittaa. Sen vuoksi odoteltiin haavoittuneiden, joita oli kyllä runsaasti, palaamista takaisin palvelukseen.

Pataljoona hoitelikin lähinnä armeijaryhmän reservin toimia. Eniten aktiivisuutta punaiset osoittivat radan suunnalla, Kaltsilassa ja Mantereella. Kyseessä ei ollut enää Tampereelle pääsy, vaan toisiin suunnitelmiin liittyvät jutut. Saksalaiset olivat miehittäneet pääkaupunkiseudun. Edelleen strategisesti tärkeän Hämeenlinnan. Tämä teki punaisten länsirintaman evakuointisuunnitelmille pahan vastoinkäymisen.

Valtavien pakolaiskolonnien täytyi rautatieyhteyksien katkettua lähteä hevoskuljetuksin Valkeakosken, Hauhon ja Tuuloksen kautta Lahtea kohti. Suunnitelmien mukaan piti koko Etelä-Suomen infrastruktuuri hävittää. Kaikki käypä tavara piti kuljettaa mukana vietäväksi uuden lintukodon alkupääomaksi Venäjälle. Tätä oli kyllä yritetty toteuttaa uskollisesti. Niin paljon kuin kykyä riitti oli ryöstösaalista pakattu kärryille mukaan. Seinäkelloista patoihin ja kattiloihin saakka. Omaisuuttan suojelemaan jääneet lähinnä vanhemmat isännät oli murhattu lähtiäisiksi. Taloja, navettoja karjoineen päivineen oli poltettu.

Käsittämätöntä vastuuttomuutta oli punaisten johdolta, ettei peliä vihelletty poikki, vaikka tiedettiin saksalaisten jo katkaisteen yhteydet itään. Annettiin syntyä mittaamattomien kärsimysten näytelmän. Onnettomat punaiset, naiset ja lapset mukanaan pyrkivät raivokkaasti murtautumaan kohti Venäjällä odottavaa onnelaa. Ensimmäisen maailmansodan kokeneet saksalaiset sotilaatkin kauhistuivat ja pakenivat alta pois tätä iskua Tuuloksessa. Suoraan konekiväärien ja tykkien tulta vastaan rynnistivät nämä hurjat laumat, kuten saksalaiset kertomuksissaan tapahtumaa luonnehtivat, naiskaartilaiset etunenässä pyrkiessään kohti itää ja Venäjää.

Krenatöörit olivat saaneet uuden järjestelyn seurauksena ruotsalaisen komentajan. Eversti Hjalmarsson oli herrasmiesupseeri tavoiltaan. Miehistön tuli mahdollisuuksien mukaan noudattaa ohjesääntöjä. Niin harjoituksissa kuin maastossakin. Sotilaita ei saanut liikaa rasittaa, ettei armeija muuttunut rähjäiseksi. Sen vuoksi varsinaisia sotatoimia oli syytä vältellä. Suurella vaivalla kovapäisille miehille opetettuja taitoja ei kannattanut hevin riskeerata rintamalla.

Huhtikuun 24:n päivän tienoilla punaisten mitta täyttyi myös Vesilahdellakin. Todettiin porukan häipyneen asemistaan. Ryhmä Hjalmarsson määrättiin takaa-ajoon. Siihen kuului nyt Jyväskylän pataljoonakin. Vt-komentajana kapteeni Sjöström. Tehtävä oli edelleen toimia reservinä. Marssittiin ensin Toijalan suuntaan, kun luultiin punaisten pyrkivän Hämeenlinnan kautta itään. Nämä olivatkin livahtaneet Hauholle. Piti kääntyä takaisin Lempäälään ja sitten uusi reitti, että päästiin takaisin punaisten jäljille.

Tuuloksessa kovasti tiukilla olevat saksalaiset vaativat päämajalta valkoisen armeijan kevennyshyökkäystä punaisten selkäpuolelle, että tilanne helpottuisi. Päämaja taas esitti vaatimuksen kenraali Wetserin esikuntaan Tampereelle. Sieltä edelleen Hjalmarssonin ryhmälle. Nämä kun laiskanlaisesti seurailivat punaisten jäljissä. Ilmeisesti eversti Hjalmarsson kuitenkin piti turhana hyökkäillä pakenevaa porukkaa vastaan, kun se meni menojaan muutenkin. Mukavampaa oli Retulan kartanon peräkamarissa mielyttävässä seurassa käsitellä srategioita.

Viimein kuitenkin rykmentinkomentaja eversti Sarinin mitta täyttyi ja hän pyysi luvan suoraan ohi Hjalmarsonin Tampereen esikunnasta ryhtyä hyökkäykseen. Hyökkäyskäsky laadittiin Lammille suoritettavaa iskua varten. Siinä edelleen Jussin porukka oli armeijan reservinä. Homma kuitenkin peruuntui kokonaan, sillä punaiset olivatkin jo antautuneet saksalaisille. Jäi vain kovien taistelujen jäljet seurattaviksi. Kaikenmaailman rojua, korjaamattomia ihmisten ja hevosten ruumiita, palaneita rakennuksia ym. muuta sotatarviketta lojui jokapuolella, kun Lammilta lampsittiin Koskelle.

TURENGIN KAUTTA HELSINKIIN

Varsinaiset sotatoimet Jussin pataljoonan kohdalta loppuivat siihen, kun punaisten länsiarmeija joutui antautumaan pakomatkan tyssätessä Lahden edustalle. Loviisassa maihin noussut saksalainen osasto katkaisi kulkuyhteydet itään vallaten Lahden kaupungin ja pohjoisesta tuleva valkoinen armeija sulki tiet siltä suunnalta.

Pahasti vajaalukuista Jyväskylän pataljoonaa ei enää siirretty Viipurin taisteluihin, vaan se jäi muutamiksi päiviksi Koskelle tarkkailemaan tilannetta. Siinä olikin kaoottinen meno päällä. Oikeastaan kolme eri voimaryhmää hoiteli hommia. Saksalainen itämeren divisioona, suomalainen krenatööridivisioona ruotsalaisen everstin komennossa ja virolaisen kapteenin komennossa olevia joukkoja.

Asiaan puuttuivat sitten vielä paikalliset suojeluskunnat. Ne valkkasivat vankien seasta ja kotipiiloistaan omatekoisiin tuomioistuimiinsa syyllisiksi katsomiaan punakaartilaisia. Tuomiot olivat yleensä nopeita ja yksinkertaisia. Jos useamman punakaartilaisen ryhmä oli ryöstöpuuhissaan tappanut talon isännän ja osa porukasta oli vain ollut paikalla, eikä muutoin osallistunut tekoon ja syyllinen ei löytynyt kuulusteltaessa, niin koko sakki ammuttiin. Menihän siinä silloin tekijäkin.

Periaatteessa tämän kaltainen toiminta oli kiellettyä. Varsinkin se seikka, kun hakiessaan jonkinlaista laillisuuden tunnetta toiminnalleen, pyrkivät isännät hakemaan puheenjohtajiksi jääkäriupseereita tai muita silmäätekeviä kansalaisia. Upseereille kielto oli selvä. Mutta käytännön mahdollisuutta valvontaan ei ollut.

Suojeluskuntalaisia ajoi kostonhalu, mutta heidän merkityksensä armeijan kannalta oli liian suuri, että olisi ollut varaa ryhtyä rettelöimään asiasta. Niinpä näiden laittomien oikeuksien suorittamien teloituksien uhriluku oli järkyttävän suuri ja jätti vastenmielisen kuvan historiaan.

Värvätyissä keskisuomalaisissa pataljoonissa oli Jussin kaltaisia renkejä, torppareita ja työmiehen nimikkeellä esiintyviä miehiä melko runsaasti yhdessä talollisten kanssa. Senpä vuoksi henki heillä pysyi varsin neutraalina. Varsinkin, kun Keski-Suomessa, vaikka sodiaalidemokraateilla oli vahvaa kannatusta, niin aseellista vallankumousta ei katsottu tarpeelliseksi. Vain Jyväskylässä teollisuustyöläisten joukossa oli enemmän liikehdintää. Nyt, kun ei varsinaisia rasitteita henkilöhtaisiin välien selvittelyihin ollut, oli helppo pysyä erillään kostotoimista.

Sen sijaan nälkä oli jatkuva vaiva. Punaiset olivat pakko-otoilla ja ryöstöillä hamstranneet elintarvikkeita hulvattomasti. Kauppamerenkulku oli ison sodan vuoksi loppunut, että vain Saksaan oli jonkinlaista sotilasliikennettä. Mutta Saksassa itsessäänkin oli huutava pula ruoasta. Tappion ollessa edessä punainen johto määräsi perääntymisen suoritettavaksi poltetun maan taktiikan mukaisesti. Kaikki elintarvikkeet, joita ei saatu mukana kuljetettua, piti tuhota.

Saksalaisten nopeasti valtaamilla alueilla hävitystyöt jäivät jokseenkin tekemättä, kun tilanne yllätti täysin. Kun pataljoonan vääpeli kiivaasti vaati pääindentuurilta Tampereelta parannusta ruokahuoltoon, niin kehoitettiin vaan etsimään Lammin taloista syötävää. Kun kovasti saksalaisiin myötämielisesti suhtautuvat talolliset jakoivat näillekin vähiä tarvikkeitaan, jäi jälkijunassa paikalle tullut vääpelin hankintaryhmä nuolemaan näppejään.

Vasta, kun siirto Turenkiin suoritettiin, niin siellä Viralan kartanolla, aukeni taivas Jussillekin. Jaettiin vastalypsettyä lämmintä maitoa krenatööreille. Se oli herkkua, jota Jussin kaltainen koditon ei oikeastaan koskaan ennen ollut saanut. Nyt pataljoona sai sentään syödä ja levätä. Varusteet korjattiin, kiilloitettiin ja harjoiteltiin marssia ja järjestäytymistä kentällä. Nimittäin lähdettiin sitten Helsinkiin toukokuun kuudennentoista päivän voitonparaatiin marssimaan juhlakulkueeseen. Turengin asemalta noustiin junaan ja majoituttiin Töölön kansakoululle.

JUHLAPARAATI JA VIIPURIIN LÄHTÖ

Toukokuun kuudestoista päivä oli juhlahumun valtaama. Jussi ajelehti pyörteessä mukana. Kun oli varusteet tarkastettu ja odoteltu loppumattoman tuntuisesti, niin vihdoin sitä päästtiin todenteolla mukaan. Kaupunki oli koristeltu lipuin, nauhoin ja kaiken rekvisiitan kanssa, mitä siihen hätään oli keksitty. Katujen varret, joita pitkin paraatimarssin piti kulkea, oli kansoitettu äärimmilleen täyteen. Hurrattiin ja kukkiakin heiteltiin. Nyt sitten nähtiin se joku Mannerheimkin, jonka kutsusta tähän revohkaan tuli lähdettyä. Myös Saksasta tulleita apumiehiä saatiin ihailla. Herrat pitivät juhlapuheita kehuen toinen toistaan sankariteoista.

Marssiessaan Jussikin tunsi voimakkaan yhteinäisyyden tunteen tähän juhlivaan joukkoon. Ikäänkuin hänkin olisi tullut hyväksytyksi kelvolliseksi ihmiseksi. Oikein tuntui rintakin paisuvan ylpeydestä. Ja tiesihän tämä raskaiden taistelupäivien loppuakin. Tosin värväyssopimuskin oli lopuillaan ja edessä olisi paluu johonkin, eli ei oikeastaan mihinkään.

Talollisilla ja torppareilla oli kiire toukotöihin. Viljat piti saada kylvettyä ajoissa. Jussilla ei ollut näitä huolia itsellään, kun ei omistanut yhtään mitään. Sarkakamppeetkin olivat armeijan antamat. Tämän juhlan jälkeen sitä taas olisi omissa hoteissaan ja saisi itse päättää menemisistään. Kuitenkin sodan päämäärä hänenkin kohdallaan oli tullut toteutetuksi. Siis juuri se, että hänelläkin oli oikeus tehdä omia ratkaisuja elämänsä suhteen. Ei tarvinnut nöyristellä sen kummemmin venäläisten kuin kaartilaistenkaan edessä.

Taloissa voisi tehdä päivätöitä ja jos ei työ taikka isäntä miellyttänyt sen kun lähtisi nostelemaan. Näitä juttuja siinä tuli ajateltua, kun tuntikausia kestävä paraati hitaasti mateli eteenpäin. Helsingistä pataljoona siirtyi sitten Viipuriin. Siellä oli toisinto Tampereen tapahtumille. Kaupugissa näkyi hävityksen jälkiä. Toisaalta riemuitsevia ihmisiä, toisaalta synkkäilmeisiä vankeja, joita marssitettiin kohti epävarmaa tulevaisuutta voittajien armoille. Konekiväärien sarjoja kuului enää vain teloittajien aseista näiden tahdessä julmaa työtään. Kummalliset tuomioistuimet, joissa asianosaisena olleista henkilöistä pääasiallisesti oli koottu niin syyttäjät kuin tuomaritkin jakeli tuomioita, joista ei valitusoikeutta ollut.

Oikeastaan vain kansainvälinen tuomioistuin olisi ollut se paikka, missä puolueeton käsittely olisi toteutunut. Koko oikeuslaitos oli osallinen tapahtumiin. Kaikki punaisten kiinnisaamat tuomarit, asianajajat ja suurelta osin poliisitkin oli murhattu. Yleensä kaikki opiskelijat ja koulutuksen kautta ammatin saaneet olivat joutuneet murharaivon kohteeksi. Näin ollen kyseessä oli koston toteutus enemmän kuin puolueeton käsitely. Suuri määrä tuomiosta lankesi sinänsä syyttömillekin.

Viimein kansainvälinen painostus alkoi vaikuttaa ja kun pahin kiihko oli jo muutenkin laantunut uskalsi hallitus puuttua asioihin ja kielsi summittaiset teloitukset. Vangit koottiin tutkintavankeutta vastaaviin leireihin odottamaan paremmin lainmukaista käsittelyä. Mutta siinäkin tuli huonon harkinnan suhteen tulokseksi entistä suurempi murhenäytelmä.

Viipurissa pataljoonan rekrytointisopimusten päättyessä ja halukkaiden kotiutuessa, niin perustettin uusi eli Viipurin vartiopataljoona. Jussilla ei ollut kiirettä mihinkään ja hän teki uuden sopimuksen. Niin oli nyt hänen työnään vartioida näiden onnettomien piikkilangoin ympäröityä leiriä.

VIIPURIN VARTIOPATALJOONA

Itsenäisyytensä ensimmäiset askeleensa Suomi otti sokeana horjuen. Kansakunta syöksi itsensä pimeyden syövereiden kuiluun. Huonosti suunniteltu ja utopististen mielikuvien siivittämä vallankumous yritti aseellisen väkivallan avulla parantaa asemiaan. Veren maun herkullisuus valtasi kansan. Oli aivan selvää, että jakautuminen kahteen leiriin tapahtui. Neuvotteluiden sijaan ratkottiin asioita voimapolitiikalla. Ulkoa päin haettiin kiivaasti tukijoita molemmin puolin.

Suomen omistavan luokan varallisuus oli verrattuna emämaan vastaavaan pelkkää köyhälistöä. Muutamat kartanotkin vain hiukan isompia maalaistaloja. Niiden omaisuuden takavarikointi tuotti vain muutamaksi viikoksi varoja vallankumoushallinnolle. Punakaartien ja ulkolaisten palkkasotilaiden ylläpitoon tarvittavat varat oli nopeasti lopussa. Kupongit, joissa vakuutetttiin valtion ne joskus lunastavan niihin painetun summan arvosta, olivat äkkiä sätkäpaperin arvoisia. Niinpä muodollisten pakko-ottojen sijaan siirryttiin suoraan ryöstölinjalle. Tapahtui veritekoja niiden yhteydessä. Koston kierre sai alkunsa. Väkivalta ruokkii itse itseään ja jatkuu niin kauan kuin toinen tai molemmat ovat kuluttaneet voimansa loppuun.

Tätä asiansa hävinneen osapuolen piikilankojen sisään suljettuja puolustajia Jussi nyt vartioi. Kesäyön hämyssä aidan vierelle hiipivät haamut toivat ruokapaketteja siellä viruville omaisilleen. Se kylläkin oli kiellettyä, mutta ainakin Jussi ja monet muutkin samankaltaisista olosuhteista tulleet vartijat katsoivat toimintaa sormiensa läpi. Nälkä oli tullut hallitsevaksi voimaksi näihin leireihin. Kulkutautien ja ravinnon puutteen heikentämät vangit eivät juuri pakoa suunnitelleet. Ja nälkä se hivutteli Jussinkin sisuskaluja. Armeijan ruoka-annokset eivät juuri kummempia olleet vankien annoksiin verrattaessa. Niinpä aina jotkin pojat hävisivät ruoanhankinta reissuille.

Erään kerran onnistuvat jonkin kellarin kätköistä löytämään sinne jemmatun siirappitynnyrin. Nälissään, kun ahmivat sitä ylen määrin oli seurauksena armoton mahatauti. Ja eivätpä edes kaikki siitä hengissä selvinneetkään. Ne, joilla oli kotijoukkoja, sentään saivat sieltä apuja pahimpaan hätään.

Sitten tapahtui se ajattelematon organisaation muutos, joka katkasi kamelin selän. Leirit vartijoineen siirrettiin armeijan taloushallinnon alaisuudesta omaan taloushallintoon. Ei ollut mitään varautumista tai suunnitelmaa muutoksen onnistumisen varalta olemassa. Vääpeli oli puun ja kuoren välissä ihmeissään. Ruoka loppui ja palkat jäi maksamatta. Jussi ei saanut kotoa mitään, kun kotia ei ollut.

Rahat loppui ja sekin mahdollisuus hävisi syömisten hankkimiseen. Samoilla entistä pienemmillä annoksilla kuin vangit, ei juuri naurattanut. Vangeille sentään tuli paketteja ja muutenkin suoraan eväitä helpottamaan ahdinkoa. Ja vartiointi oli sekin eräällä lailla uuvuttavaa työtä. Jatkuvat parin tunnin hukit öin ja päivin kiertävänä rulettina väsyttivät nälkiintynyttä miestä.

Viimein vääpeli piti käskynjakotilaisuuden, jossa annettiin tiedoksi, että koska valtio ei voi osaltaan pitää kiinni tekemästään rekrytointisopimuksesta, niin joka haluaa voi sen purkaa. Jussi luovutti kiväärin ja sai sarkamppeensa pitää. Piletin vääpeli kirjoitti junaa varten sille asemalle, jonneka halusi. Jussin lippu tuli Myllymäelle. Se vaihe jäi häneltä näkemättä, kun sellainenkin määräys tuli, että vartiat saivat syödä vangeille tulevista paketeista ruoat.

Nälkäkatastrofi sai alkunsa. Vielä teloituksia ja muuta terroria suuremmaksi kaiken ihmisen kärsimysten kirjoksi nousi nälän ja sairauden raivoaminen leireissä. Kuolema niitti paljon enemmän miehiä kuin konsanaan sota.

TAKAISIN SYNTYMÄSEUDULLE

Myllymäen asemalta Jussi lähti kävellä rahjustamaan kohti syntymäseutujaan. Matkaa olikin yli sadan kilometrin. Nälkäistä miestä väsytti. Edessä oleva tie pyrki sumentumaan ja huojumaan. Välillä aivan nousten vasten kasvoja. Oli pakko istua huilaamaan aina vain lyhyempien kävelymatkojen jälkeen. Teki mieli heittääntyä vain tien penkalle nukkumaan ja antaa kaiken olla. Mutta sitten ikäänkuin korvissa kuului jääkäriupseerin hoputus:"Ylös, ylös, ei saa nukkua." Ja matkaan taas, vaikka kuinka heikotti.

Viimein tuli näkyviin tien varrella talokin. Sinne Jussi käänsi saappaansa ja meni sisälle. Isäntä näytti istuskelevan kiikkutuolissa ja emäntä puuhaili hellan seutuvilla. Nosteli astioita valkoisesta emalikoulista kuivaten pyyheliinaan ja asetteli kaappiin. "Iltapäeveä," sanoo Jussi. Isäntä katsoo hetkisen vierasta ja toteaa, ettei olekaan tavallinen maankiertäjä ruokaa vinkumassa, kun on armeijan tamineissa. Niinpä vastaa sitten: "Iltoa voan, sitä käypi siihen istumaan. Sitäkö on soasta tulossa?" "Sieltähä tuota oun tulossa." Vastailee Jussi. "Että lommailemmaa, vaeko ihan kotio laettovat?" kysäisee isäntä, jatkaen että:" Mistäkö tuota lähittö?" "Viipurista viimmeiseks ja loppu se nyt sota multa." Kertoo Jussi.

Isäntä vielä tenttaa, että "miltä se nyt näyttää siellä etelän puolella, kun niin kovasti on siellä tapeltu ?" Jussi viisaa isäntää, että "eipä siellä oikein hyvältä näytä. Kovasti poltettu ja hävitetty taloja. Ihmisiä ja karjaa tapettu. Nyt niitä on noita vankejakin vaikka kuinka paljon, kun lopettivat tappelun". Sitten isäntä sanelee vielä, että "sitä mahtoa olla sotamiehellä näläkä. Ehittii myö tässä syyvä, mutta laetappas eukko jottai palasta iltaseks vieraalle." Emäntä kantaa pöytään oikean ruisleivän, voita ja piimäkannun. "Ottaa siitä nyt voeta ja leipeä paremman puutteessa" kehottaa Jussia. Jussi ottaa puukon tupesta ja leikkaa paksun viipaleen leivästä, voitelee ja haukkaa. Leipä suorastaan sulaa suuhun ja lämmin virta nousee vatsasta alkaen kiertää koko kehoa. Kuin sumusta hän kuulee isännän vielä juttelevan kiikkutuolissaan: "Sitä ei huoli enneä lähteä tien peälle. Kun on syöny käypi voan huiloomaa ja soapi tässä tuvassa nukkua yön yli."

SODAN JÄLKEEN

Oli sellainen heinänteon jälkeinen vähän hiljaisempi aika maataloissa. Päiväpalkkalaisen vakanssilla toimivalla Jussillakin oli työt vähänlaisia kuten hevosten hoitoa ja muuta pikku koppulointia kartanon pihapiirissä. Vaikka olisi luullut ajan olevan töiden helppouden vuoksi varsin miellyttävää ennen viljan leikkuun kiireitä, ei asia kuitenkaan ollut likikään niin yksinkertaista.

Parahiksi heinänteon huhkimiseen sotahommistaan palannut mies iski vimmalla tuttuun työhön ja väsyneenä illan tultua ei jaksanut turhia miettiä talven tapahtumia. Nyt sitten, kun enemmän aikaa jäi omien ajatusten ruotimiseen, alkoivat sodan kummitukset ja nälän ja tautien riivamien vankien vartionnin synkät päivät ahdistaa mieltä.

Ilta oli lempeän lämpöinen auringon hissukseen vaipuessa lännen puoleisen metsän taakse. Soratiellä olevan suoranpätkän osuessa samaan linjaan punertavien sädevirtojen kanssa ja päivällä kuumenneen tien pinnasta nousevien ilmavirtojen kieputuksessa tanssivat siipimuurahaiset kosioretkellään. Kultaisen silauksen saaneet siivet vain välkehtivät parvien karkeloidessa ahneesti tällä ainoalla retkellään.

Tien vierellä olevan niityn laidassa kökötti vanha heinälato. Olkikattoinen, hopeisen nukan pinnoittamista haapahirsistä kyhätty pöksä. Sen ovisuulle oli Jussi kovertanut pienen pesän itselleen. Siinä hän nyt istuskeli selvittelemässä elonsa nykyisiä vaiheita. Ajatusten kulkua hän oli alkanut vauhdittaa pullon kirkkailla pisaroilla. Jostain syystä varsinainen ilonpito tanssipaikoilla tai muun seuran yhteydessä ei oikein kiinnostanut. Yksin kylästä syrjässä olevassa ladossa sen sijaan oli hyvä rauhassa penkoa mennyttä ja vähän yrittää edessäkin olevaa aikaa harkita.

Juoman alkaessa vaikuttaa enemmän päänsisäiseen elämään, Jussi hillumisen sijaan alkoi aina vain enemmän vaipua syvällisempiin ihmisen perustaan pureutuviin kysymyksiin. Jo lapsena hän oli oppinut laulamaan virsiä isänsä ohjustamana. Siksi, kun tuli tietty vaihe ladossa, hän kajautteli komealla äänellään tuttuja virsiä tyyneen kesäiltaan. Kylällä tietenkin tipottelu oli yksiselitteisen ankarasti luokiteltu synniksi, mutta virsien veisuu sen sijaan hyvinkin suositeltavaa. Humalassa virsien veisuu toi esille kummallisen probleeman: oliko se syntiä vai ei? Silloin keksittiin oma erikoinen luonnehdinta tästä ilmiöstä: "Siellä taas kuuluu Jussi hurjailevan".

Koettaessaan saada itseään normaaleille raiteille Jussi oli alkanut kehitellä kuvitelmia uudesta elämästä toisen ihmisen keralla. Hän työskenteli isossa maalaistalossa, jonka pojan ja tulevan isännän kanssa hän oli rehjustanut Ruovedeltä Tampereen kautta Turenkiin samassa ryhmässä ja saanut vakuutuksen, että aina on talossa töitä tarjolla. Tämä loi tukevan pohjan tulevaisuuden suhteen.

Talon maiden sisässä oli pieni torpasta lunastettu itsenäinen tila. Siellä asusteli varsin viehkeä sisarusparvi. Varsinkin nuoremmasta päästä oleva noin kuudentoista ikäinen pirtsakka tyttönen sai Jussin veren kiertämään. Jussi alkoi rakennella omaa tulevaisuudenkuvaansa, joka liittyi kuvitelmiin tuon tyttösen keralla.

Pikkutilalla ei ollut omaa hevosta ja kun sitä lainailtiin entisestä emotalosta, piti korvaukseksi tehdä päivätöitä. Oli sovittu käytäntö, jonka mukaan yksi hevospäivä kuittaantuisi kahta miespäivää tai vaihtoehtoisesti neljää naispäivää vastaan. Pääsääntöisesti naisväki sitten hoiteli nämä vastuut. Heinä- ja viljapellolla työskennellessä Jussi alkoi hakeutua tuon katsomansa tytön läheisyyteen ja yritti esiintyä oikein edukseen. Kyllä tyttökin näytti pääsevän jyvälle, mistä oli kyse ja varsinkin toiset sisarukset erikoisesti huomasivat jujun. Eipä aikaakaan, kun isäpappakin sai asian tietoonsa, mutta silloin tuli tenkapoo. Tyhjätaskulla ja "maankiertäjällä" ei olisi asiaa tyttärille. Vaikka tila oli pieni, kuitekin ero heidän ja Jussin maailman välillä oli rajoittamattoman suuri.

Yhtäkkiä Jussi totesi, että tyttö alkoi karttaa häntä ikäänkuin paeten pois läheisyydestä. Omissa ajatuksissaan hän tuli tulokseen, ettei ollut tarpeeksi mieluisa tytön mielestä. Koko hänen rakentamansa mielikuvamaailma romahti. Todellista syytä hän ei saanut tietenkään kuulla.

Kesän kääntyessä syksyyn ja pimentyessä ankeaksi rospuuttokeliksi Jussin mieli painui entistä matalammaksi. Alkoi lähestyä todella vaikea umpikuja. Pitkän reissun Venäjän kautta yhdessä kulkenut kaveri oli ainoa, jonka kanssa pystyi joten kuten näitä ongelmia käsittelemään.

Oli jo päästy lähelle vuodenvaihdetta ja talon töissäkin vallitsi luppokausi. Joulun juhlinta ei paljoa Jussia kiinnostanut. Pikemminkin harmitti, kun ei ollut riittävästi oikeita töitä tehtävänä. Taloon tuli sanomalehti ja silloin Jussi äkkäsi värväysilmoituksen, jossa virolainen everstiluutnantti Kalm etsi vapaaehtoisia maansa vapaussotaan bolsevikkeja vastaan. Kyseessä olisi Pohjan Poikain rykmentin perustaminen. Kaverukset eivät kauan jahkailleet, vaan päättivät heti lähteä matkaan. Keltään ei tarvinnut kysellä lupaa. Päiväpalkkalaisella ei ollut irtisanomisaikaa omalta eikä talon puolelta. Riitti, kun pyysi markat käteen ja lähti tien päälle.

Vuodenvaihteen seutuvilla kaverukset olivatkin kolkuttelemassa junan vaunussa kohti pääkaupunkiseutuja. Mukaan oli varattu hiukan lirisevää evästä. Tampereen seutuvilla oltiinkin jo aika iloisella kurssilla. Varsinkin Jussin kaveri muisteli varsin kuuluvasti edellisen talven edesottamuksia niillä main. Vaunussa oli kuitenkin muutama matkustaja, joiden korvia jutut eivät oikein hivelleet hyvällä. Muuan jeppe hyökkäsi ylös kiukkuisesti napaten Jussin kaverin nenän etu- ja keskisormen väliin alkaen kiertää: " Katsotaanpas kummasta päästä se lahtarin kana kusee!".

Jussin kaveri oli kuitenkin sukkelaliikkeinen ja pieni vahvistuskin auttoi asiaa. Käsi oli sopivasti sivutaskussa pullon kaulassa kiinni ja salaman nopeasti nappasi hän melkoisen napakasti kusettajaa pääkoppaan pullollaan karjaisten räväkästi: "Tässä vaunussa sitä ei muuten punikit juhli. On meinaan sillä mallilla asiat nykyään!". Nenästä vääntäjän kaverit säikähtivät ja alkoivat toppuutella: "Etkö älyä, että hulluja ne on! Niitten kanssa nyt kannata ruveta rähisemään. Vielä jos junapoliisi tulee arvaat miten käy!".

Hiljasissa hengin siirtyivätkin miehet kokonaan toiseen vaunuun ja jättivät sotaurhot keskenään muistelemaan menneitä lumia. Väsähtämään alkoivat pyörien tasaisen kolkutuksen hypnoottisessa tahdissa tipottelijatkin. Puolittain unen ja valveen rajamailla seikkaileva Jussi vatvoi vielä omaa tilaansa.

Hän oli pakomatkalla. Se oli selvä asia. Hyvin pienille reaalisille jutuille nojaavat kuvitelmat olivat kohdanneet vain kovan todellisuuden. Hän oli kehitellyt tulevaisuutta, jossa rakentaisi oikean mökin. Tekisi hienon höylätyin laudoin vuoratun huoneen ja oikean hellan. Ehkäpä kiikkustuolinkin aivan kuin isännillä. Sinne kelpaisi viedä sitten se veikeä tyttökin.

No, ne olivat vain sortuneita haaveita. Toinen vaihtoehto olisi vain jatkaa niinkuin ei mitään. Kukaan ei tiennyt näistä unelmista. Työtä pienellä rahapalkalla tehden kyllä taloissa riitti. Ruokahuolto pelasi, koska päiväläisen etuihin kuului syödä yhdessä talonväen kanssa.

Tasaisen harmaata arkea se olisi. Nyt alkoi jo lapsena kynsillään kaivellut outo levottomuus nostaa päätään.
Hevoset, kuten muutkin puuhailut kartanolla olivat muuttuneet tympeän makuisiksi. Kun entinen reissukaveri innostui heti tästä uudesta seikkailusta, oli lähtö selvää kauraa. Jääköön taas kaikki järvet, metsät kylineen ja peltoineen omiin hoteisiinsa muhimaan. Edessä olisi tuntematon, kenties lopullinen seikkailu.

Toisin kuin Jyväskylän pataljoonaan värväytyessä, nyt hän tiesi mitä edessä olisi. Sisällissodan äärettömän julmat ja säälimättömät kuohut. Mutta mitäpä väliä sillä nyt olisi. Ei häntä kukaan kaivannut, eikä murehtisi, vaikka sille tielleen katoaisi. Kaikki oli yhdentekevää sen puoleen, vain jotain hienompaa korkealentoisempaa olisi saavutettavissa, jos voisi olla apuna puolustamassa ihmisarvoja, joita nyt myös Virossa poljettiin.

Työmiehen vähäpätöisten raamien sisällä eli käsitys yksilön vapaasta elämisestä yhteisössä, jossa voitaisiin asiat hoitaa ilman pakkovaltaa. Kenties nämä asiat eivät nyt jäisi pelkkien kuvitelmien varaan, vaan jotain parempaakin saataisiin aikaan, kun ensin aseet ja väkivalta taivutettaisiin laillisen järjestyksen alaisiksi. Sitten voitaisiin käydä yhteistuumin selvittelemään epäkohtia, jotka olivat ruokkineet tätä veristä myllerrystä.
Sitä ahdinkoa, josta tilaton väestö ja työläiset pyrkivät eroon, käyttivät häikäilemättömästi hyväkseen ehdottomaan valtaan pyrkivät tahot. Ne eivät välittäneet tuottamistaan kärsimyksistä. Hillittömästi riehuvalla väkivallalla ei ratkaisua voitaisi tehdä.

Suomessa onnistuttiin laillisen hallituksen asevoimin nujertamaan tämmöinen kaappausyritys, mutta itse asian ratkaisemista hidastivat sen aikaansaamat henkiset ja taloudelliset tappiot.

Sama meno oli nyt käynnissä Virossa, joka myöskin yritti itsenäistyä Venäjän alaisuudesta ja jota puna-armeija työläisiä hyväkseen käyttäen pyrki palauttamaan yhteyteensä takaisin. Omista kaavailuistaan uuden rauhallisen elämän aloittamisen sijaan, Jussi oli törmännyt kuin seinään ja nyt tämä tilaisuus värväytyä veljeskansan vapauden puolustamiseen tuli kuin "taivaan lahjana". Oli helposti perusteltavissa oleva motiivi lähteä tälle matkalle. Kun oli vastuussa vain itsestään, ei tiliä tarvinnut tehdä kenenkään muun kanssa. Huonomman vaihtoehdon käydessä, ehkä sitten jossain toisessa elämässä.

Näitä juttuja mietiskellessään Jussikin vaipui unen helmoihin puisella junan penkillä kiskojen kolkutuksen tuudittamana.

He kävelevät käsi kädessä kapeaa korkeiden puiden reunustamaa kärrytietä kohden nousevan mäen lakea. Siellä täällä auringon sädekimput sukeltavat oksiston lävitse vetäen kirkkaita viiruja varjoisan viileän tien yli. Ne leikkivät suuren haavan latvuksen havisevien lehtien vireessä kimpoillen edestakaisin.

Saapuessaan mäen laelle he sukeltavat hämärän metsän sylistä valoisalle aukiolle. Edessä levittäytyy kauniin vihreä näkymä. Oikealla on pyöreistä kuusihirsistä vuoltu mökki, joka on uudennäköinen, koska hirret ja pärekattokaan eivät ole vielä juurikaan tummuneet. Vasemmalla alas laskevalla rinteellä hiljakseen lainehtii ruishalme heikossa tuulenvireessä. Kaiken yläpuolella kuultavansinisen taivaan meressä uiskentelee valkoisia pilvenlepereitä ja pääskyjen hoikat siivet piirtelevät sirpin muotoisia kaaria ilman halki.

Pihamaalla olevan suuren kiven päällä västäräkki vemputtelee pyrstöään vihertävä ötökkä nokassaan. He katselevat hiljaisina ihmetellen näkymää edessään ja suuri yhtenäisyyden tunne valtaa

heidät. Muttä yhtäkkiä harmaa sumuinen pilvi syöksähtää peittämään
kaiken alleen ja tuulenpuuskat puistattelevat hartioissa.

"Jussi, Jussi! Alahan könköillä ylös siitä. Taidetaan olla perillä", kaveri
hokee tönien Jussia olkapäähän.

Jussi hätkähtää hereille ja saman tien kitkerä pahanolon tunne valtaa
niin ruumiin kuin mielenkin ja hetkisen tuntuu sietämätön halu palata
sittenkin takaisin. Mutta eihän se ole mahdollista. Kun kerran tälle
reissulle on lähdetty, ei takaisin lähdetä. Kaverukset kömpivät
puutuneita jäseniään oikoillen asemalaiturille monien lyhtyjen
valaisemaan kaupunkiin.

POHJAN POIKIEN MATKAAN

Katseltuaan hiukan Helsingin elämänmenoa kadun tasolta, hakeutui Jussi matkakumppaninsa kera Viron avustustoimikunnan syyniin. Siellä heidät otettiin avosylin vastaan. Siitä hetkestä alkaen Jussikin oli sitten pieni hammas isossa rattaassa, joka alkoi vauhtia kiihdyttäen pyöriä.

Lisää miehiä kasaantui poikasista ikämiehiin saakka. Oli tiukkailmeisiä uskonnon puolesta taisteluun lähteviä, joiden mielestä paha olisi juurineen kiskottava pois. Jääkäreitä ammattisotilaan statuksella, ihan vaan seikkalijoita, sisällissodan käyneitä kuten Jussikin, joiden mielestä olisi hyvä asia saattaa veljeskansakin pysymään itsenäisenä ja vapaana valtiona. Sitten oli tietenkin puuhamiehenä hääräilevän eversti Kalmin, oman Suomen sisällisodan aikaisen pataljoonan miehiä, jotka seurasivat kunnioittamansa komentajan lippua.

Melkoisen vilskeen käydessä tämä sekalainen porukka, tammikuisessa harmaassa aamussa, kokoontui jäänmurtaja Wäinämöiselle lähteäkseen sotaretkelleen. Lukuinen oli saattajien parvi heiluttelemassa käsiä, lippuja, huiveja tai lakkeja osoittaakseen kannatustaan vapaaehtoisille sotilailleen. Hiljaisena seuraili Jussi menoa, sillä hänellä ja kenties joillakin muillakin oli tilanne, ettei ketään ollut hyvästelemässä lähtöä. Juhlapuheita vielä kuunneltiin ja oltiin sitten valmiita jyristelemään kylmän kalsealle merelle.

Katsellessaan laivan perään jäävää tummaa ja repaleista vanaa, jossa jäänpalaset kieppuivat potkurivirran pyörteissä, asettuen sitten takaisin paikalleen sulkien railon miltei näkymättömäksi, Jussi ajatteli että hänen sen hetkinen elämänsä oli samanlainen. Hänen edessään oli tuntematon tulevaisuus, taakse jäänyt häipyi pois ja sen aikainen hetki näiden kahden voiman välissä oli olemassa. Mahtava hälinä vain soi korvissa sekavan porukan täyttämässä laivassa.

Monen tunnin jyskytyksen jälkeen tultiin viimein Tallinaan ja myös siellä oli juhlavan oloinen vastaanotto. Puheita pidettiin ja torvia soiteltiin. Mutta myös Viron kansa niinkuin Suomenkin oli kahtia jakautunutta. Toiset riemuitsivat pohjoisesta tulevan apujoukon saapumisesta ja toiset kyräilivät vihan juonteisin kasvoin, että sieltä Suomen lahtarit tulee kurittamaan kansaa.

Yhtä kaikki, mutta tämä sakki alkoi järjestäytyä sotilaalliseen muotoonsa ryhmiksi, joukkueiksi, komppanioiksi ja pataljooniksi. Siitä kasvoi kokonainen rykmentti tykistöllä vahvistettuna. Kerrassaan melkoinen saavutus olikin tämän monenkirjavan joukon saaminen muutamien päivien aikana sellaiseksi järjetelmällisesti toimivaksi yksiköksi, joka kykeni vaativiin sotilaallisiin operaatioihin. Junakuljetuksin kolisteltiin Tarttoon valmiusasemiin.

Etelä-Viroa terrorisoi puna-armeijan leipiin siirtynyt latvialainen keisarillisen armeijan eliittijoukkona toiminut tarkka-ampujarykmentti. Se piti tukikohtanaan Valgan seutuja etuasemana Pajun kartano.

Latvialaiset olivat värvänneet palvelukseensa ennen vallankumousta Venäjälle tuotuja kiinalaisia pakkotyöläisiä. Näistä oli muodostettu likaisen työn yksikkö. Muutenkin julman sisällissodan tapahtumissa nämä kunnostautuivat erikoisesti raakuuksien teossa.

Luhde-Grosshofin eli Pajun kartanon valtaus

Emils Vitolsin komentama puna-armeijan tarkka-ampujarykmentti piti hallussaan Valgan kaupunkia. Etuasemana oli Pajun kartano.

Tultuaan Tarttoon eversti Kalmin Pohjan Poikien rykmentti sai tehtäväkseen Valgan takaisin valtauksen. Virolainen yliluutnantti Kuperjanevin partisaanipataljoona määrättiin Kalmin avuksi. Pitkään taistelutehtävissä ollut Kuperjanevin pataljoona oli Kalmin mielestä levon tarpeessa ja hän määräsi sen reserviin.

Vastoin käskyä Kuperjanev kuitenkin lähti oma-aloitteisesti hyökkäykseen Pajun kartanoa vastaan. Hän onnistuikin yllätyksellä pääsemään kartanolle. Kuperjaneville oli tärkeää saavuttaa voitto ennen suomalaisia. Latvialaiset tekivät vahvoin voimin vastahyökkäyksen vallaten kartanon takaisin. Virolaiset kärsivät raskaita tappioita ja myös itse Kuperjanev kaatui. Hänen pataljoonansa oli joutunut hädänalaiseen asemaan.

Pohjan Pojille tuli ajolähtö pelastamaan asemia. Kalm itsekin oli reipasotteinen komentaja, joka ei hakaneuloihin tukehtunut. Hän ei jäänyt turhia vatvomaan, vaan sitten mentiin eikä meinattu. Usko suomalaisiin miehiinsä hänellä oli tosi luja. Ei hänellä ollut tarkoitus takoa päätään seinään, vaan lyödä vihollinen harkitusti ja taidolla. Oli ihme, että monisyinen ja kovia taisteluja vaativa operaatio saatiin vietyä läpi. Sillä vasta kootulla sekalaisella porukalla, jonka Kalm vielä oli jakanut kahtia ja varsinainen isku tehtiin kovasti alivoimalla.

Jussi marssi komppaniassa, jonka tehtävänä oli kiertää kartanolla sotivien joukkojen ohitse ja suorittaa sivustalta isku latvialaisten kylkeen. Yhtäkkiä porukka tupsahti aukean pellon reunalle, joka jouduttiin ylittämään jos aiottiin päästä tavoitteeseen. Oli vain muutama metri keritty edetä, kun voimakas tuli avattiin edestä. Huomattiin heti oltavan ison osaston tähtäimissä. Komppanian päällikkö kerkisi karjua perääntymiskäskyn ennen kuin kaatui itse. Joukon sellaiset miehet kuin Jussikin, jotka olivat vastaavanlaisen tilanteen ennenkin kokeneet, eivät mitään käskyjä tarvinneetkaan, vaan syöksyivät salamannopeasti maahan ja takaisin ojan penkan taakse.

Yllättävän vähin tappioin he selvisivätkin, ellei oteta lukuun päällikön menetystä. Takana rahjustavat konekiväärimiehet olivat myös koulunsa käyneitä Tampereen ja Viipurin kahinoissa eivätkä mitään ohjeita kaivanneet, vaan löivät koneensa asemiin valmistuen suojaamaan jalkaväkeä. Hetken näyttikin tosi pahalta. Karmimaan meinasi Jussinkin selkäpiitä ruveta. Tuli-iskunsa jälkeen latvialaiset tulivat rajussa vauhdissa kolmessa peräkkäisessä ketjussa pistimet sojossa ja niitä oli tosi paljon.

Kuten on tapana tämmöisissä sisällissodissa, olivat vakoilijat ja ilmiantajat elementissään. Tässäkin tapauksessa kiertoliike oli jo kanneltu latvialaisille ja he olivat valmiina toimimaan. Jälkeenpäin kun muutamilta vangeilta vähän lypsettiin tietoja nämä kertoivat heidän everstinsä valjastaneen hyökkäykseen lähtijöitä että: "Siellä on vastassa pelkkä vaivainen suomalaiskomppania, jonka vaan sotkette jalkoihinne."

Kylmän viileästi odottivat meidän konekiväärimiehet ihan lähietäisyydelle saakka ennenkuin avasivat tulen. Virnuilivat pirullisesti että: "Kusipäitähän nuo ovat, kun tapattavat itsensä." Oli noita ryntäyksiä nähty kotipunaistenkin toimesta ja tiedettiin miten niissä käy. Etummaisena hyökkäävä ketju pökkäsi kuin seinään konekiväärien tulen iskiessä siihen. Takimmaiset vielä juoksivat täysillä törmäten kaatuneisiin ennen kuin tajusivat mitä tapahtuu. Seuraavaksi iski paniikki. Epätoivoiset sotilaat alkoivat paeta ja pyrkiä puistikon metsikön suojaan.

Meidän kiväärimiehetkin ryhtyivät metsästämään pakenijoita. Jussin vieressäkin eräs innokas kaveri hyppäsi ylös penkalle ja poskelta tähdäten laukoi kiljuen riemusta, kun arveli osuneensa. Sitten mentiin kuin nälkäinen susilauma hirven perässä takaa-ajoon puistikkoon. Puistikossa syntyikin verinen sotaleikki, kun kartanoltakin pakeni siellä taistelleet joukot, etteivät jäisi saarroksiin. Siellä ei ollut aikaa edes ladata kivääreitä eikä muutenkaan tiuhassa ryteikössä voinut ampua, vaan pistimillä sohittiin ja meillä kun oli sellaisia sulavakätisiä puukkomiehiä sattunut joukkoon tekivät nämä pahaa jälkeä vihollisten joukossa.

Tässäkin kokemus oli poikaa, kun siellä kotihommissa oli sattunut vastaavia harjoituksia. Siitä ne sitten puna-armeijalaiset, jotka vielä kynnelle kykenivät juoksivat tiehensä sen silmän näkemän. Kävikin niin somasti, että siinä pakokauhussaan lähtivät vielä itse Valgastakin käpälämäkeen. Siellä ei sitten enää tarvinnut tehdä muuta kuin vähän putsaushommia.

Kyllä meidän porukatkin oli ihan reporankana päivän lopussa. Jäätiin vaan kartanolle varmistelemaan saatuja etuja. Olihan sitä tullut raivattavaakin, kun raatoja oli pitkin poikin joka paikassa varmaan satamäärin. Siellä ei myöskään vihollisten haavottuneita sen kummemmin hoivailtu, vaan jos henki jollain vielä pihisi, käskyn mukaan piti lopettaa kituminen.

Eversti Kalmin uhkapeli oli jälleen onnistunut. Kuten aikaisemmin Suomenkin sisällissodassa nämä vastoin säännönmukaista toimintaa tehdyt hyökkäykset saivat ylempien esikuntien upseerien selkäpiissä kylmänväreet karehtimaan. Hyvin pienien tapahtumien toisenlainen käänne olisi voinut olla tuhoisa koko rykmentille. Sekalainen porukka, lähestulkoon ilman mitään koulutusta yhteistoimintaan, oli hajoitettu useisiin itsenäisiin tavoitteisiin loppuratkaisun aikaansaamiseksi. Jo pelkästään komppanian, jonka tehtävänä oli sivulle kiertäen tehdä isku kartanolle samoihin aikoihin pohjoisesta iskevän komppanian kanssa, olisi epäonnistuessaan ollut tuhoisa koko pataljoonan suhteen.

Kaiken lisäksi, saatuaan hyvät tiedot ennakkoon, latvialaiset olivat valmistautuneet tämän liikkeen eliminointiin. Vastahyökkäys tehtiin rajulla temmolla. Kun tuliyllläkön jälkeen suomalaiset äkkiä perääntyivät ja näyttivät katoavan sen tien, aikoivat latvialaiset tehdä loppusilauksen pistinhyökkäyksellä. Suomalaisten alku oli varsin epäonninen sen suhteen, että ensimmäisten kaatuneiden joukossa meni myös päällikkö. Monesti tällaisella tapahtumalla on lamauttava vaikutus taistelun kulkuun. Mutta koska joukossa oli miehiä, jotka olivat kokeneet saman aiemminkin, paniikkia ei syntynyt. Hyvin usein olivat jääkäripäälliköt huseeratessaan kärkijoukoissa kaatuneet kesken taistelun, eikä auttanut jäädä sitä murehtimaan ja samoin toimittiin nyt. Uusi äkkilähdöllä päälliköksi joutunut upseeri oli hetken huuli pyöreänä miten jatkaa, mutta konekiväärimiehet tiesivät miten hommat hoituu. Uudet, sotaa ennen kokemattomat, eivät onneksi kerenneet päästä kärryille missä mennään. Koulunsa ennen käyneet löivät kylmän rauhallisesti asemiin odottamaan hyökkäystä. Kokemattomat alokkaat eivät hoksineet vielä paeta. Sen sijaan maisemasta kadonneiden suomalaisten jälkeen raapaisevat latvialaiset, jotka luulivat saavansa hauskan verileikin, tyrmistyivät täysin, kun kiivas tuli-isku tulikin päin näköä penkan takaa. He itse joutuivat paniikkiin ja pakokauhussa yrittivät pelastautua epätoivoisesti. Komppania pääsi tavoitteeseensa kartanolle hyvässä aikataulussa ja vaikka sillekin tappioita tuli varsinkin haavottuneiden muodossa, se hoiti tehtävänsä.

Lieneekö Kalm tutkinut Hannibalin teorioita vai miten, mutta hän pienemmillä joukoilla ja huonommalla aseistuksella sekä vasta kasatulla kouluttamattomalla porukalla, joka vielä hajoitettiin useiksi itsenäisesti toimiviksi ryhmiksi ilman viestintävälineitä, nitisti puna-armeijan eliittijoukon. Yhtenä tekijänä oli varmaan sekin, että kyseessä oli suomalaiset, jotka eivät hevin punaista hyökyä pakoon lähteneet. Varmaan Kalm sen oli oppinut jo tuntemaan toimiessaan pataljoonan komentajana Suomen sisällissodassa. Joka tapauksessa riski oli valtava ja luottamus miehiinsä on täytynyt olla vahva. Sen sijaan, että nyt sateli onnittelusähkeitä suuresta voitosta, olisi hän toisinpäin käydessä saanut tallustella sotaoikeuteen vastaamaan tekosistaan.

Pajun kartanolta Pohjan Pojat siirtyivät itse Valgan kaupunkiin melko vähin kahnauksin vihollisen kanssa, joka edelleen pakeni välttäen kosketusta suomalaisiin. Joitakin merkkejä näkyi siitä, että oli yritetty viivytysasemia tehdä, mutta pelko ajanut ennenaikaiseen lähtöön. Osa kaupungin monenkirjavasta väestä oli riemuissaan vallan vaihtumisesta, mutta selvästikään kaikkia ei uusien tulokkaiden saapuminen näyttänyt miellyttävän.

Sitten seurasi parin viikon mittainen reservivaihe ja virolaiset saivat huolehtia sotahommista. Päivisin harjoiteltiin jonkin verran ja elettiin vähän kuin varuskuntaelämää. Nokkelimmat olivat saaneet rahoja ja muuta vaihtoon kelpavaa esineistöä kaatuneiden latvialaisten mukanaan kuljettamasta ryöstösaaliista. Toisin kuin Suomessa, jossa varsinkin krenatöörirykmentissä sotasaaliin ottaminen oli jyrkästi kielletty ja oli luovutettava valtiolle palautettavaksi entisille omistajilleen, ei täällä siitä tarvinnut välittää. Niinpä vapaa-ajan viettoon löytyikin helposti kaikenkarvaista osallistujaa mielin kielin. Uskonnollisen vakaumuksen mukaan pyhää tehtävää, punaisen hirviön nujertamiseksi lähteneet miehet, katselivat karvain mielin menoa mutta olivat sen verran realistisia, etteivät käyneet sen kummemmin puuttumaan asioihin. Vieraalla maalla ei sentään sopinut pienen joukon keskuudessa kanssakäymistä horjuttaa vähäisin perustein. Kyllästyivät siihen pian itse rilluttelijatkin ja taisi siinä jo tyhjentyä taskutkin parempiin suihin. Otettiinkin hyvillä mielin vastaan komento valmistautua lähtöön.

Marienburgin retki

Puna-armeijan rykmentti piti komentoaan Latvian puolella olevan Marienburgin kauppalassa. Ylin johto laati suunnitelmia, että jotain pitäisi tehdä asian stabiloimiseksi, mutta ei katsottu resurssien vielä riittävän sellaisen vaikean operaation suorittamiseen. Eversti Kalm ei vitkuttelusta tykännyt ja katsoi omien Pohjan Poikiensa riittävän ratkaisevaan iskuun punaisten päämajaan ja näin ollen koko rajaseudun rauhoittamiseen mellastukselta. Strategien kauhistellessa rykmentti lähti marssimaan vähin varustein pitkälle matkalle läpi nurjamielisen seudun kohti pääkallopaikkaa.

Jälleen sitten sotilaiden alituiset seuralaiset nälkä, vilu ja uupumus astuivat kuvaan mukaan. Muonitus ruokatarvikkeiden loppuessa heti alkumatkassa, meni oikukkaaksi sen mukaan, miten paikallisista kylistä saatiin hamstrattua elintarvikkeita. Rykmentti sinälläänkin oli kovin vähäväkinen tämmöiseen vaativaan retkeen. Kun miehistö ei voi valvoa ja marssia loputtomasti lepäämättä, mutta valmius yllätyksen varalta pitää säilyttää yötä päivää, on se erityisen rasittavaa riittämättömän vaihtomiehistön vuoksi. Tiedustelu, sivusta- ja jälkivarmistuksen täytyi pelata läpi vuorokausien herpaantumatta.

Onkin kovin kummallista, ettei puna-armeija yrittänyt tosissaan käyttää tätä heikkoutta hyväkseen. Varsinkin sivustat joukkojen puutteen takia olivat vedetty äärimmäisen ohuen varmistuksen varaan. Olisi luullut yllättävästi tehdyin iskuin sivuilta ja väijytysten järjestämisen edestä käsin imevän rykmentin mehut kuiviin pariviikkoisen retken aikana. Onneksi, vai oliko sittenkin Pajun kartanon veriset hetket iskostaneet totaalisen pelon näitä pohjolan raakalaisia kohtaan, että vihollinen vain pääasiassa tarkkaili turvalliselta etäisyydeltä etenemistä.

Eversti Kalmilla on täytynyt olla erinomainen tuntuma tapahtumiin, koska uskalsi ottaa tämmöisiä riskejä. Varmaankin hän liikkuessaan paljon miestensä mukana aivan etulinjoissa ja taistelujen keskelläkin, aisti hyvin niin omien kuin vihollistenkin keskuudessa vallitsevan hengen. Ja kyllähän selvää olikin, että tarkka-ampujarykmentti tyrmistyi suomalaisten rajusta toiminnasta. Asemistaan paenneet miehet puolustuksekseen, vielä tietenkin liioittelivat kertomuksiaan kokemuksesta. Lisäksi he olivat olleet varsin kauan poissa varsinaisista sotatoimista terrorisoituaan lähinnä siviiliväestöä ryöstelyn kera. Aseellista toimintaa oli vain pienten epäyhtenäisten vastarintaryhmien kanssa. Nyt tällainen täsmällisesti toimiva hyvin taistelukykyiseksi osoittautunut sotajoukko, vaikkakin oli vajaalukuinen rykmentti, sekoitti heidän pasmansa kokonaan.

Vasta varsinaisen Marienburgin kauppalan puolustamiseen oli tehty hyvin vahvalla aseistuksella varustetut puolustusasemat. Rähjääntynyt ja perinjuurin väsynyt Pohjan Poikien rykmentti saapui illan aikana kylän liepeille ja aamuvarhaisella kävi suoraan hyökkäykseen sen kummemmin ihmettelemättä. Henki miesten keskuudessa oli säilynyt erittäin hyvänä, eikä pahempaa purnausta ollut ilmentynyt. Toki yhdistävänä tekijänä oli myöskin tieto siitä, että oltiin täysin yksin oman voiman varassa kaukana vihollisen keskellä. Apua ei tarvinnut odottaa jos itse ei kestäisi.

Jussin komppanian eteneminen pysähtyi pienehkön aukeaman edustalle erittäin voimakkaaseen tulitukseen. Konekiväärit hallitsivat aluetta täysin. Huuruisessa aamussa häämötti kylän rakennuksia. Näytti siltä, että varsinkin eräässä talossa, olisi konekivääriasemia. Joka tapauksessa ne olivat hyvin suojassa koska oma vastatulitus ei tehnyt mitään vaikutusta. Oltiin pattitilanteessa raskaassa tulitaistelussa. Omat konekiväärit pitivät kyllä huolen, ettei edestä myöskään ollut vihollisella hyökkäyshaluja. Mutta sitten alkoi tilanne karmealla tavalla kriisiytyä, kun taistelun ääniä kuului myös takaa.

Komppanian päällikön hermot joutuivat tiukille, kun hän käsitti mitä tapahtui. Näytti siltä, että etummaiset joukot olivat joutumassa saarroksiin. Hän alkoi hiillostaa miehiä äkkiryntäyksellä lyömään edessä olevat vihollisen asemat. Siihen vaan miehet eivät lähteneet mukaan. Mukana oli sellaisia miehiä kuten Jussi, joka Hatanpään pellossakin ristitulessa oli maannut kellon ympäryksen omia asioitaan itsekseen ajatellen. Tässä pidetään asemat ja jos ei muu auta, niin yöllä pimessä häivytään, mutta heti kättelyssä ei kyllä tapateta itseään. Päällikkö ei luovuttanut, vaan hiosti ja koitti näyttää esimerkkiä sillä seurauksella että kaatui itse.

Seuraavaksi vanhin upseeri otti päällikkyyden ja seurasi edeltäjänsä ajatusta, ettei tuleen jäädä makaamaan vaan mennään rytinällä yli aukion kylään. Mutta kun omat konekiväärit eivät saaneet yhtään hillittyä vihollisen tulta, miehet totesivat, ettei onnistu näin. Tuhon enteet varmaan kieppuivat päällikön korvien välissä. On päästävä valtaamaan kylä jos takana romahtaa ja joudutaan eristyksiin. Eversti vei viimeisetkin reservit taakse yrittäen säilyttää yhteydet kuormastoon ja tykistöön. Komppanian uusi päällikkö teki ratkaisunsa: "Komppania kuuluu komentooni ja lähtee hyökkäykseen kun minä lasken kolmeen ja kolmannella lähdetään!" Hyppäsi ylös pistooli kourassa ja alkoi laskea: "Yks, kaks, kol..." ja lyyhistyi niille sijoilleen.

Jäljellä olikin sitten enää yksi upseeri. Hän ei enää jatkanut edellisten valitsemaa linjaa vaan kylmän rauhallisesti kysyi "kuka miehistä lähtee vapaaehtoisena lähettinä viemään viestiä takana olevalle tykistölle?" Kun oli saatu sopiva kaveri tehtävää varten, hän merkitsi karttaan oman aseman ja alueen johon tarvitaan kranaatti-iskua. Valisti miehen, että "pidät varasi, ettet tapata itseäsi ja ohjetta ei viholliselle luovuteta missään tapauksessa."

Pitkiä ne ovat tunnit kiivaan tulituksen alla vartoillessa sattuuko milloin ja miten pahasti vai vieläkö onni suosii ja henki säilyy. Vaikea sanoa kauanko siinä oltiin. Taistelun äänet kuului sivustoiltakin ja jonnekin ampui tykitkin, mutta missään ei tuntunut edistystä tapahtuvan. Taisi olla jo pitkästi iltapäivän puolella, kun edessä leimahti ja jyrähti. Tykit sitten liittyivät viimeinkin mukaan taisteluun. Oli se lähetti näköjään perille päässyt. Seuraavat laukaukset tulivat pienellä korotuksella siirtyen näin kohti rakennuksia. Aavistaen mikä systeemin tarkoituksena on, konekiväärimiehet pistivät täyden rälläkän päälle savun ja sumun sekaan lasketellen sarjojaan. Kun viimeiset kranaatit kauempana kylän puolella olivat räjähtäneet huomattiin, että vihollisen tuli oli lakannut ja silloin mentiin lujaa.

Oikein olivat meidän pojat aavistaneet tapahtumien kulun. Latvialaisten konekiväärimiesten kantti ei ollut kestänyt seurata, milloin isku osuisi kohdalle ja lähteneet hyvissä ajoin kimpsuineen ja kampsuineen hipsimään tiehensä. Muu sakki tietenkin seurasi perässä ryöstösaaliitaan raahaten. Luulivat kai savun ja sumun seassa pääsevänsä luikahtamaan kuin koira veräjästä. Siksi sinne etäälle suunnattu meidän poikien tulitus tekikin rumaa jälkeä pakeneviin. Meillä ei ollutkaan enää vakavaa vastarintaa jäljellä, kun vaan paniikissa harhailevia punakaartilaisia rokotettiin pistimillä. Ennen iltaa koko kauppala oli vallattu ja nälkäiset miehet pääsivät mässäilemään puna-armeijan sapuskoilla ja juomilla. Meidän eversti ei puuttunut pahemmin menoon, vaan vissiin arveli, että ollaan palkkamme ansainneet.

Takaisin Valgaan

Pitkään ei Marienburgiin jääty ihmettelemään, vaan jälkiputsausta muutama päivä tehtiin ja sitten hankkiuduttiin paluumatkalle. Jokunen mies vielä menetti henkensä varomattomuuttaan, kun eivät uskoneet, että vihamielistä väkeä oli ympärillämme.

Kun Pohjan Pojat lähtivät Valgasta retkelleen kohti puna-armeijan pesäpaikkaa, olivat monet paikalliset asukkaat mielissään ja toivoivat koko pirujen jäävän sille tielleen. Pitkään aikaan ei kuulunutkaan mitään menijöistä. Kenraalit kuten Wetser ja Laidoner seurasivat sydän syrjällään Kalmin menoa. Jos asiat olisivat menneet pahimman kaavan mukaan ja vain rippeet rykmentistä selviäisi takaisin, olisi se vaikeasti paikattavissa oleva tappio. Kostonnälkäinen puna-armeija tulisi uudelleen eteläisen Viron kiusaksi. Helpotus oli tietenkin suuri, kun tuli tieto suhteellisin pienin menetyksin saavutetusta voitosta.

Pohjan Pojat tulivatkin sitten entistä rehvakkaampina takaisin Valgaan eivätkä turhia kainostelleet tekemäänsä urotyötä, kun olivat ajaneet puna-armeijan verissä päin pesäpaikastaan kuutamolle. Se osa kaupunkilaisista, joka myrrysmielellä oli suomalaisia katsellut, kävi entistä kiukkuisemmaksi. Eikä humalassa änkyröivät sotilaat ainakaan olleet parantamassa asetelmia. Syntyi osittain varsin vakaviakin kahnauksia paikallisen väestön kanssa. Koska näytti siltä, ettei poikien sankariteot oikein saaneet heidän mielestään riittävää arvostusta, alkoi koko homma kyllästyttää ja he tekivät johtopäätöksen, että kummallista väkeä kun eivät hyvän päälle ymmärrä. Seurauksena alkoivatkin he kinuta lähtöä takaisin kotiin. Varsin nihkeästi he suhtautuivat hiljaisellakin rintamanosalla pelkkään vartiointipalveluun ja taisteluhommista uhkasivat kieltäytyä kokonaan.

Nyt ei enää eversti Kalminkaan jutut natsanneet. Vain muutama sata uskollista jatkoi sopimustaan ja pääosa rykmentistä tuli hiljaisissa hengin takaisin kotiin.

SOTASAIRAALASSA - ESPANJAN TAUTI

Viikatemies tykkää tietysti aina liikuskella armeijoiden seuralaisena näiden sotiessa. Tunnetusti nälkä kasvaa syödessä ja kun ensimmäisen maailmansodan pyörteissä tuli runsaasti purtavaa, muuttui hän aivan ahneeksi. Kehitteli huippukieron systeemin, jonka avulla iski varsinaisten sotatoimialueidenkin ulkopuolelle. Lähti liikkeelle pahanlaatuinen kulkutauti, jota Espanjantaudiksi tituleerattiin. Se niitti väkeä maan poveen enemmän kuin sota konsanaan.

Jussia olivat luodit mukavasti väistelleet mitä nyt Vesilahdella vähän pyrkineet lähentelemään. Nyt kävikin hänelle eteen koko sotien ajan kovin koettelemus. Ensin tuntui olo sairaalta ja kurkkua karvasteli, mutta eipä hän sitä miksikään noteerannut. Erään vartiohukin aikaan kuitenkin alkoi horkka puistaa, että hampaat kalisivat suussa. Henki vain vinkui ja outo vihlova päänsärky iski. Alkoi huimata ja tajunta pyrki katoamaan. Viimeiseksi muistikuvaksi jäi vartion vaihto, joka vielä onnistui joten kuten. Sitten pimeni kokonaan.

Välskäri tutki tiedotonta miestä ja kun totesi hänen vielä sentään joten kuten huokuvan, käski toimittaa Tarttoon sotasairaalaan. Siellä tämä taudin kuva kyllä tunnettiin ja kaikkein pahimman kaavan mukaan näytti etenevän Jussin kohdalla. Eipä siihen mitään lääkitystä ollutkaan olemassa. Katsottiin vain koska mies sitten loppuu. Ihmeekseen he huomasivat pojan kumman pitkään jatkavan huokumistaan. Varmuuden vuoksi alkoivat letkulla pumpata nestettä mahalaukkuun, ettei nyt ainakaan elimistö pääsisi kuivumaan. Tätä menoa jatkuikin yli viikon ajan kunnes hoitajien hämmästykseksi Jussi otti ja heräsi.

Jussi kävelee pimeässä kuilussa, jonka pohjalla sitkeässä liejussa jalat tarttuvat kiinni ja on vaikeaa rahjustaa eteenpäin. Vain heikkoa kajastusta pilkahtelee korkealta kallion halkeamista kurkistelevistä tähdistä. Hänellä pieni pärekori kädessään ja siinä muutamia heikosti hohtavia pieniä kiviä. Väsymys painaa raskaana taakkana hartioilla eikä henkeä meinaa saada millään kulkemaan. Kummallinen kauhu on täyttänyt koko sisäisen olemuksen. Sietämättömän voimakas halu kaatua kylmään liejuun lepäämään pyrkii käymään ylivoimaiseksi. Jokin ikäänkuin ulkopuolelta tuleva ääni kuitenkin käskee jatkamaan: "Etsi, etsi, kyllä sinä löydät..."Ja Jussi tottelee koettaen puhdistaa uusia kiviä mudasta, mutta ne jäävät mitättömän heikosti kimaltavaksi, eivätkä kelpaa koriin pantaviksi. Sitten, kun on äärimmäinen raja vastassa ja hän aikoo luovuttaa, näkyykin edessä yllättäen hyvin kirkas kivi. Hän ponnistaa viimeisillä voimillaan ne askeleet, jotka vievät tämän uuden löydön luokse.

Se onkin jo kuivaksi käyneen polun alkupäässä ja paljon kevyemmin nousee jalka. Hän ottaa kiven vasempaan käteensä ja sen kirkkaus hohtaa läpi kämmenen ja sormien tehden ne aivan kuultaviksi. Selittämätöntä voimaa virtaa kivestä koko vartaloon helpottaen kulkua ylöspäin nousevaa tietä pitkin. Äkkiä kallioseinämää kiertävän mutkan takaa hulmahtaa valkoisena hehkuva valomeri. Oikein silmissä säkenöi kipuna tämä loiste.

Hitaasti Jussi alkaa tajuta näkökentässään selkiytyvää ympäristöä. Valkoista kaikkialla ja valkoisessa kauhtanassa leijuen liikkuva hahmo käytävällä, jota reunustaa sänkyjen rivistö ja niissä valkoisissa peitteissä ihmisten hahmoja.

"Jospa minä olenkin kuollut ja olen päässyt taivaaseen, kun enkelikin näkyy täällä kerran olevan", puhelee itselleen. "Pitää vissiin kysäistä tuolta enkeliltä." Jussi yrittää nostaa päätään puhuakseen hoitajalle, mutta valtava yskänpuuska iskee heti ja hengityksen salpautuessa musta verho häilyy silmien edessä. Hoitaja kuitenkin huomaa muutoksen kiiruhtaen katsomaan häntä ja sieppaa lasipullon kaataen siitä vanutuppoon eteerisiä öljyjä sisältävää nestettä. Vie sen lähelle Jussin kasvoja, jolloin tämän kiihkeästi yrittäessä vetää ilmaa saa samalla hengitysteitä laajentavan ja yskää rauhoittavan annoksen keuhkoihinsa.

Hetken päästä olon vähän tasaantuessa ja Jussinkin alkaessa tajuta asioiden oikeata laitaa kyselee sitten: "Missä minä olen? Mitä on tapahtunut?" Suomesta vapaaehtoisena tullut sairaanhoitaja alkaa selittää Jussille viimeaikaisia juttuja: "Te olette nyt Tarton sotilassairaalassa. Teihin iski siellä rintamalla se espanjantauti. Olette ollut yli viikon tajuttomana ja on kerrassaan ihme tämä teidän herääminen. Yleensä, kun se ottaa näin kovin pahasti, ei siitä selviä hengissä. Mutta näytätte olevankin vahvaa tekoa."

Myöhemmin lääkärikin ihmettelee tätä Jussin heräämistä, kun ei juuri osattu odottaa muuta kuin loppua tulevaksi. Hän onkin äärettömän heikko ja sairas edelleen. Raju yskiminen salpaa irtoavan liman kanssa hengitystä. Tuskainen hikoilu ja kylmän väristykset vellovat peräkkäisinä aaltoina. Jonkinlaisista yrteistä tehtyä yskänlääkettä ja höyryhengitystä annettaessa joten kuten aina selviää eteenpäin kunnes viimein eräänä yönä hän nukahtaa raskaasti ja pitkään.

Herätessään hänellä on ihmeen levollinen, vaikkakin hyvin väsynyt olotila. Taudin kynnet ovat hellittäneet otteensa ja semmoinenkin kummallinen juttu kuin nälkä, on taas palannut kuvaan mukaan. Onneksi sairaalan ruoka on suhteellisen hyvää ja sitä tulee säännöllisesti. Suomesta vapaaehtoisina tulleet hoitajattaret pitävät hyvää huolta haavoittuneista ja muuten sairastuneista Pohjan Pojistaan.

Hiljakseen alkaa fyysinen kuntokin palautua, mutta kummallinen henkinen tyhjyys vallitsee. Tuntuu kuin olisi tyhjiin puristettu piimäleili. Päivien madellessa hitaasti hän mietiskeli tilaansa, yrittäen löytää jotakin kiinnekohtaa, mistä aloittaisi uudelleen elämänsä. Kaikenlaisia mielikuvia pyrkii esiin. Oliko tämä rankka sairaus, joka vei hänet lähelle kuoleman rajaa, jokin varoitus tai rangaistus joistakin aiemmista tekosista? Mutta ei ehkä kuitenkaan. Espanjantaudiksi nimetty sairaus iski sattuman varaisesti miehiin ja jotkut eivät siitä selvinneet. Tuurista kait se kiinni oli, niinkuin luotienkin suhteen.

Kuitenkin hän alkoi perkoa tekemisiään tässä sodassa kuin aikaisemmassakin. Puolustuksenaan ajatteli olevan sellaisen seikan, ettei tarkoituksellisesti ollut tappanut ketään. Kun hyökkäävää vihollista vain ammuskeli liki, tämä kyllä syleili maata pysyen kesynä ja pakenevaa ei tarvinnut selkään ampua. Muuten kun piti kovaa möykettä ja ärhentelyä kivääriä ahkerasti laukoen, pysyi oma tontti kunnossa. Kotisodassa krenatöörirykmentissä oli aina ennen operaatioita käskynjaolla selvennetty säännöt, joiden mukaan piti toimia. Vankeja ja haavoittuneita piti käsitellä kansainvälisten sopimusten mukaan, että henki ja koskemattomuus piti turvata. Ryöstösaalista ei saanut ottaa ja sotasaalis oli valtiolle luovutettava. Näitä sääntöjä ainakin hän yritti noudattaa ja pääasiallisesti koko rykmenttikin. Myös komentavat upseerit kuten keisarin aikaisen koulutuksen saanut pataljoonan komentaja Procopé ja divisioonan komentaja ruotsalainen Hjalmarsson pitivät nuorat tiukasti käsissään näissä asioissa.

Tässä sodassa oli kokonaan toinen sävel. Rykmentti oli koottu monenlaisista lähtökohdista olevista vapaaehtoisista ja sen komentajana toimiva virolainen eversti Kalm oli tunnettu kovista otteistaan. Heille oli tieten tahtoen luettu säännöt, ettei tässä sodassa vankeja oteta eikä haavottuneitakaan armahdeta. Eikä näitä asioita varten ollut mitään järjestelmääkään edes yritettykään järjestää joskaan myöskään resursseitakaan ei olisi ollut. Oli vain sellainen palkka-armeija, joka tuhosi vihollisen tieltään kaikin tavoin.

Jussi viuhtoi sakissa mukana omin yksityisten sääntöjensä mukaan. Kuten Pajun kartanon verilöylyssäkin, kun pakokauhun valtaan joutuneita lättiläisiä lahdattiin puiston metsikössä puukoilla pistäen tai kiväärillä selkään ampuen, hän kyllä ampui pyssyn piippu kuumana, mutta ei suoraan ihmistä kohti. Kun ne kerran pakenivat, niin menkööt sitten.

Tietenkin oli selvää, että etelä-Viroa terrorisoivaa puna-armeijan tarkka-ampujarykmenttiä piti johdon mukaan pyrkiä tuhoamaan mahdollisimman totaalisesti, mutta ei se vaan Jussin luontoon aivan sillä tavoin käynyt. Lapsena saatu hyvin uskonnollinen kasvatus vaikutti edelleenkin hänen toimintaansa. Niitä perinteisiä arvoja oli kyllä hyvä puolustaa myöskin asein, kun muuta mahdollisuutta ei ollut. Kuitenkin myös aseellisessa toiminnassa olisi noudatettava kohtuullisuutta. Hän ymmärsi hyvin itsekin kaiken kurjuuden läpikäyneenä tämän pyrkimyksen muutokseen olevan oikeutettua, mutta sen toteuttaminen murhilla ja ryöstöillä höystettynä oli yksikertaisesti väärä. Vääryyden korjaaminen toisella vääryydellä ei voisi tuoda pysyvää ratkaisua.

Varsinkin täällä, kun toimittiin sellaisissa puitteissa, joissa sääntönä oli vain vahvemman oikeus, Jussi tunsi olevansa kovin eksyksissä. Hän luuli kulkevansa selvää polkua, joka johtaisi parempien arvojen päämäärään. Kuitenkin oli käynyt kuin metsässä hirvien kulku-uraa kuljettaessa. Ensin on aivan hyvin näkyvät jäljet, mutta yhtäkkiä huomaakin niiden hävinneen ja vaikka kääntyy takaisin ja etsii, ei kuitenkaan enää löydä takaisin polulle.

Täällä hän oli rämpinyt ryteikön seassa oksien raapiessa ja jalkojen lipsuessa ilman selvää päämäärää nähden peloittavia kauhukuvia. Haavoittuneen vihollisen anovan katseen, kun tämä luulee saavansa apua, muuttuvan kauhistuneeksi peloksi, kun rintaan työntyykin pistimen terä ja tuskasta nurin kääntyvät silmät jäävät valkoisiksi mollukoiksi tuijottamaan taivaalle viimeisen elämän liekin sammuessa. Näitä näkyjä hän ei olisi suonut olevan, mutta mitäpä hän olisi niille voinut tehdäkään muuta kuin pitää edes itsensä jonkinlaisessa ruodussa inhimillisyyden suhteen.

Hiukan mieltä pisteli myöskin tänne lähdön motiivi. Vaikka länsimaisen sivistyksen, uskonnon ja vapauden puolustaminen olikin hyvä perustelu, oli lähdöllä myös hyvin henkilökohtainen syy. Verisen sisällisodan jälkeen kotiseudulle palaaminen ei oikein ottanut lähteäkseen oikeille raiteille.

Talollisten pojat pääsivät sodasta koteihinsa suoraan kylvötöiden tekoon ja siinä ei turhia joutanut miettimään. Heille voitto oli kouriintuntuvan konkreettinen ilman joutavia ajatuksia. Säilyttiväthän he henkensä ja omaisuutensa siltä hävitysraivolta, jota he olivat punaisilta vallatuilla alueilla nähneet. Kaiken lisäksi hän oli tehnyt uuden sopimuksen vartiopataljoonaan ja joutunut näkemään vankileirin epäinhimillisen kurjuuden ja julmuuden kaikkia vivahteita.

Kotiseudulle palattuaan hän oli pyrkinyt kiihkeästi normaaliin elämänrytmiin, mutta asenteet eivät kuitenkaan vielä olleet riittävät hyväksymään häntä oikeana eläjänä. Vain ne talollisten pojat, joiden kanssa oli yhdessä pelätty ja paleltu rintamalla, osasivat arvostaa häntä ihmisenä. Siksi työtä ja elantoa taloista sai ilman mitään ongelmaa.
Törmäyskurssille joutuikin siinä vaiheessa, kun hän oli suunnitellut perustavansa oikein oman perheen. Tuntuikin siltä, että moista valmiutta ei vielä ollut syntynyt. Kuten aikaisemminkin, tuli ratkaisuksi

lähtö tuntemattomaan. Ja olihan siinä sekin, että kapteenina sisällissodassa toiminut Kalm, oli varsin täysin rinnoin auttanut suomalaisia nujertamaan Venäjältä käsin syötettyä vallankumousta. Nyt kun Kalm haki miehiä oman maansa vapautuksen tukemiseen, oli sinne lähtö aivan kuin velan takaisin maksua.

Näitä asioita peratessa ja sairaalan rutiinin mukaan aikaa kulutellessa päivät ryömivät hiljakseen kevättä kohti. Olihan siinä mukavia hoitajaneitosia ja muita potilaita joiden kanssa voi täyttää sitä tyhjiötä, jonka tämä kova tauti oli sielunelämään kovertanut. Kävikin sitten asiat siihen malliin, ettei Jussi enää palvelukseen palannut vaan kotiutettiin suoraan sairaalasta.

Jotensakin hiljaisesti ja värittömästi Tallinasta seilattiin takaisin Helsinkiin. Jussilta jäi näkemättä ne loppuvaiheet, kun voittojen jälkeen Pohjan Pojat juhlivat perisuomalaiseen tapaan viinan voimalla, näyttäen myös nurjan puolensa. Kaiken lisäksi hänelle annettiin palvelukseenastumismääräys, kun jossain oli huomattu, että asevelvollisuuskin pitäisi suorittaa Suomen armeijassa.

Asevelvolliseksi

Jossain virastoissa oli huomattu sellainenkin seikka, jonka mukaan Jussi ei ollut suorittanut lakisääteiseksi tullutta varusmiespalvelua. Miestä oli jäljitetty ja huomattu sitten hänen olevan sotaretkellä Virossa Pohjan Poikien matkassa. Kun kotiutus sitten tapahtui rekrytointisopimuksen loputtua ja Jussin kieltäydyttyä sitä jatkamasta, oli vastassa palvelukseen astumismääräys tykistörykmentin leipiin Hyrylään. Eipä siinä sen kummempaa ollutkaan kuin oli taas leivänsaanti turvattu pitkäksi aikaa.

Patterin terävässä päässä oli käsitelty Jussin asemaa, koska se oli hiukan erikoinen. Tämän kun pitäisi kahden sodan jälkeen ruveta alokkaaksi. Tulokseksi oli saatu näkemys, jonka mukaan palvelus krenatöörirykmentin Jyväskylän pataljoonassa hyvinkin vastasi alokaskoulutusta. Hänelle tarjottiin mahdollisuutta lähteä aliupseerikouluun. Sen jälkeen voisi värväytyä kanta-aliupseeriksi ja kersantin kurssin vielä suorittaa, niin olisi valmis kouluttajaksi, joista oli puutetta muutenkin. Jussille ei vaan tämmöinen tulevaisuus käynyt. Hän perusteli, ettei omaa tarvittavaa luonteenominaisuutta santsarin toimeen.

Kun vääpelikin oli vapaussodan veteraaneja, tunsi hän tietenkin lukkarinrakkautta toista veteraania kohtaan. Hän esitti ratkaisuna toimistotyön konttorissa. Voisi aloitella nykyisen kirjurin kaverina ja kun tämä kohta kuitenkin lähtee siviiliin olisi virka sitten Jussilla automaattisesti. Näin sitten meneteltiinkin ja se sopi oikein hyvin Jussin pirtaan. Hän kirjoitti selkeällä käsialalla virheetöntä tekstiä ja huolimatta siitä, että oli vain kolme lyhyttä kiertokoulun kurssia käynyt, omasi erinomaisen rätinkipään.

Jussista tulikin vääpelin luottomies, varsinaisesti semmoinen oikea käsi. Hän hoiteli lomitusten kierron ja monet muut pikkuongelmat vääpelin vain sutaistessa nimensä lomakkeisiin ja sama meininki oli päällikön suhteen. Minkä vääpeli oli kirjoittanut sen tämä myös vahvisti. Eipä kauan mennytkään, kun poikien joukossa kiersi huhu, jonka mukaan kirjurin kanssa on hyvä olla välit kunnossa. Monet jutut olisivatkin kehittyneet varsin kiusallisiksi, mutta Jussille ominainen tasapuolinen välitystaito toi ratkaisun ennen kuin tarvittiin rangaistusasteikkoa selailla.

Sattui myös sillä lailla veikeästi käymään, että kotiseudulta oli tullut poika palvelemaan samaan patteriin. Heille kehittyikin erinomainen kaveruussuhde koko ajaksi. Jussi sai myös sitä kautta tietoa miten kylän asiat menee. Erään tyttösen suhteen varsinkin, oli hänellä erityistä mielenkiintoa. Tämä kuulemma oli kovin ylpeä ja nokkava, mitä poikien suhteen tuli. Ei käynyt tansseissa eikä juuri muissakaan riennoissa. Rukkaset tuli armotta jokaiselle yrittäjälle. Uutiset olivat Jussille mieluisia, sillä kaikesta huolimatta tyttö kummitteli hänen mielessään. Aidassa ei vaan ollut vielä porttia avattavaksi. Koko palvelusaikanaan Jussi ei lomilla käynyt kotiseudulla.

HELSINGISSÄ

Yllättävän äkkiä ne liki kaksi vuotta hurahtivat vakinaisessa väessä palvellessa. Se oli Jussille seesteistä aikaa. Ei tarvinnut huolehtia toimeentulosta ja hommat olivat kevyitä ja mieluisia. Mukavia kavereita tuli paljon. Viimein koitti sekin päivä, kun Jussi tuli Helsinkiin sotilaspassi taskussaan. Armeijan sarkapuku oli päällä nyt ilman tunnuksia. Armeijan puvussa hän oli Hyrylään mennytkin ja niin myös lähtikin.

Jälleen kerran olotila oli tyhjä. Kaikkinaiset kiinnekohdat olivat taas kadonneet. Olihan hänellä jonkin verran säästettyjä päivärahoja taskussa. Mitäpä muuta kuin niitä kuluttelemaan. Kun on rahaa, riittää kavereitakin sen aikaa. Lopuksi hyvistä sarkakamppeistakin sai jonkin verran pätäkkää. Jossain vaiheessa tuli Hietaniemen hautausmaan puistossa aikaa kulutellessa eksyttyä siellä majailevaan porukkaan. Jussi esiintyi maalta kaupunkielämää etsimään lähtenyttä renkipoikaa. Eikä tietenkään tarvinnut paljon kertomustaan muutellakkaan.

Kaverit sitten alkoivat utsia, että eikös ne maalaispojat ole kovia töitä oppineet tekemään. Jussi totesi jutun pitävän paikkansa hyvinkin tarkkaan. Selvittelivät sitten olevansa vailla riuskaa työmiestä sakkiinsa. Olivat satamassa laivoja purkamassa oleva urakkaporukka. Täällä puistossa kävivät näin kesällä nukkumassa. Säästyi mukavasti rahaa muihin tarpeisiin, kun ei tarvinnut kämpästä maksaa. Nyt sitten tarvittaisiin yhtä miestä mukaan urakoimaan. Oli tullut iso viljalaiva satamaan ja siinä mukavat urkot saatavissa. Jussin ei tarvinnut sen kummemmin funtsia, vaan sanoi olevansa valmis heti remmiin.

Satamajätkä

Viljasäkit nostettiin ensin ruumasta vinssillä laivan kannelle. Siitä laskusiltaa myöten raijattiin makasiiniin. Hehtolitran säkit, jotka painoivat noin 70 - 80 kg kannettiin selässä. Puolikkaat, noin 30 - 40 kg säkit vietiin kolmen kappaleen erissä kottikärryllä. Siinä oli semmoinen juju, että säkit ladottiin makasiinissa korkeisiin riveihin, liki katon rajaan saakka. Ylimmille riveille ne kannettin porrastetusta päästä pehmeitä säkkiaskelmia pitkin. Mikään mies ei jaksanut kantaa sylissään isoa säkkiä sinne ylemmäksi. Selässä säkki meni vauhdin kanssa jouhevasti. Sitä vaan ei yksin selkäänsä kyennyt nostamaan. Kannella avustajat heittivät säkin selkään ja puolijuoksun kanssa Jussi kiidätti sen makasiiniin. Näin homma hoitui sutjakkaasti ja paljon joutuisammin kuin kärryn kanssa pelatessa. Puolikkaat taas kärrymies pystyi nostelemaan sylissään ja kun niitä meni kolme kerralla se oli tehokasta.

Kantohommiin Jussi olikin pienestä pitäen oppinut. Heinää pehmeältä suolta takkavitsan kanssa ja kaikea muutakin kuten vettä, polttopuita ym. renkipojat saivat kantaa. Tietenkin sodassakin reppua raahattiin puolikuoliaana väsymyksestä. Eikä se kaukana ollut nytkään simahtaminen. Ensimmäinen päivä meni joten kuten, mutta muutama seuraava oli yhtä tuskaa. Kaverit salaa virnistellen seurailivat, miten maalaispoika pärjää miesten töissä. He olivat itsekin saman käyneet läpi. Kyllä se poika vaan selvisi hiljalleen normaaliin vauhtiin. Kelpasi hyvin porukkaan. Töiden jälkeen Jussikin alkoi muiden tapaan kortteerata hautausmaan puiston penkeillä. Systeemi oli melko hyvä. Äärimmäisen väsyneenä nukkui vaikka vesilätäkössä ilman vaikeuksia.

Eräänä yönä sitten kävi huono, taikka ken tietää, ehkä hyväkin tuuri Jussille tulevaisuuteen nähden. Puistoon suoritettiin yöllinen ratsia poliisin toimesta. Sikeästi nukkuva mies ei tointunut ajoissa luikkimaan tiehensä vaan jäi kiinni. Jussilla ei ollut niitä papereita minkäänlaisia. Varmuuden vuoksi hän oli hävittänyt sotilaspassinsa. Satamassa jätkänä keikkuva mies ei jättänyt sitä riskiä, että joku voisi vahingossa nähdä hänen passistaan näissä piireissä varsin negatiivisena käsitetyn sotahistorian. Johtopäätös olisi ollutkin hyvin yksinkertainen: Mieshän on lahtari ja edessä olisi ollut liukas lähtö mahdollisesti ohraleipä kainalossa.

Ei auttanut selitykset, putkaan tuli lähtö. Seuraavana päivänä alettiin miestä viimein tutkia. Ensin selailtiin etsintäkuulutuksia ja muita hakusessa olevien henkilöiden tuntomerkkien sopivaisuutta Jussin olemukseen. Mikään ei tuntunut passaavan noin vain tähän tapaukseen. Kuunneltin sitten asianomaisen kertomusta. Jussilla ei poliisin, tai mikä lie etsivän, suhteen ollut mitään salattavaa. Antoi henkilötietonsa ja sotaseikkailunsa totuuden mukaisena versiona kuulustelijalle. Tämäkin toimi varsin korrektisti. Saattoihan asia olla noinkin. Jussin olemus jotenkin puolsi asiaa. Ja myöhemmin tietysti sitten olisi vasta aika kiristää ruuvia tarpeen mukaan. Mies toimitettiin säilöön ja luvattiin tarkistaa tiedot.

Ensin oli ihan mukavaa, kun oli melko hyvä ruoka ja nukkumapaikka. Kyllä se puiston penkille veti vertaa. Ajan kuluessa alkoi vaan aika käydä pitkäksi. Jussin paperit makasivat 'ei kiireellisten' mapissa odottelemassa, josko joku kerkiäisi hoitaa jutun loppuun. Niinä aikoina etsivillä oli kädet täynnä kadonneiden, kommunistien, ulkomaisten- ja kotimaisten agenttien jäljittämisessä. Jussi alkoikin kysellä eikö tässä firmassa jotain työhommia tehdä ollenkaan. Hänelle järjestettiinkin pikku tehtävää pajaan, jossa värkättiin saviastioita. Oltiin jo niin pitkällä, että Jussi omatoimisesti pystyi pyörittelemään yksinkertaisia savikuppeja, kun kutsuttiin jälleen kuulustelijan puheille. Joku oli viimein löytänyt hänen juttunsa mapista ja suorittanut tietojen tarkistuksen. Kertomus piti varsin hyvin paikkansa. Nyt oli vain tehtävä semmoinen tarkistustoimenpide enää. Jonkun kunnolliseksi tiedetyn kansalaisen pitäisi vaan tunnistaa, että Jussi on kyseinen oikea Jussi, eikä mikään peitehenkilö.

Jussin aivot pyrkivät kuumenemaan tämän ongelman suhteen. Luonto ei antanut periksi kotiseudun eikä armeijakaverien kutsumista tunnistustehtävää suorittamaan. Viimeinen ja sekin varsin kovan nöyrtymisen jälkeen tullut päätös oli, että siskon puoleen on käännyttävä, muu ei nyt auta. Niinpä antoi siskonsa tiedot ja sanoi tämän olevan jossain Helsingissä, mutta osoitetta ei tiedä.

Anna-sisko

Jussin vanhin sisko Anna, joka oli äidin kuoleman jälkeen ollut tämän korvikkeena pojalle ja perheen joutuessa isänkin kuoltua holhouksen alle, lähtenyt Helsinkiin piikomaan. Hän ei maalaispiikana aikonut olla. Tarmokkaana ja järjestelykykyisenä tyttönä olikin päässyt kohta nousemaan kyökkipiiaksi. Punaisen vallan kuristaessa kaupunkia hän ei liittynyt kapinaporukkaan, vaan varsin pyyteettömästi piti isäntäväkensä puolia vaikeiden aikojen kuluessa. Kun sitten kapinamelskeet päättyivät onnelliseen lopputulokseen perheen kohdalla, sai Anna palkintonsa. Hänestä tehtiin taloudenhoitaja oikealla palkalla. Hän oli tiukkaotteinen ja vaativa pomo pitäen asiat järjestyksessä omalla sarallaan, kun hienoja illalliskutsuja ja muita tilaisuuksia piti järjestää. Jussista ei vuosiin ollut kuulunut mitään. Kotiseudulla asuvilta siskoilta oli sen verran tullut tietoa tämän jonkin aikaa olleen siellä sodan jälkeen. Sitten taas kadonnut jälkiä jättämättä.

Eräänä päivänä sitten oven taakse ilmaantui huopahattuinen mies pitkä berberi päällä. Anna haistoi heti, että onkin tässä poliisimies. Pelko kouraisi sydänalaa: Mitähän tämäkin nyt tarkoittaa? Mies esitti henkilökorttinsa ja tiedusteli sitten oliko mahdollisesti kysymyksessä tämä henkilö luetellen Annan tiedot. Kylmävarpaiset hiiret vilistivät Annan selkäpiissä etsivän tarkistaessa hänen papereitaan. Vakioilmettä säilyttäen kasvoillaan hän odotti rauhassa mitä tuleman pitää. Etsivää oli valmennettu toimimaan hienovaraisesti olihan kysymyksessä sangen arvostetun perheen taloudenhoitaja. "Tämä on nyt vaan tämmöinen rutiinitoimenpide, joka kuitenkin protokollan mukaan pitää hoitaa", alkoi mies jutella "meillä on siellä mies, joka on hukannut henkilöpaperinsa ja sanoo olevansa neidin veli, että jos se sopii neidille pitäisi käydä tunnistamassa." Jussi! Ainakin on sitten hengissä. Mitähän lie taas keksinyt? välähtää ajatuksissa. Vastaa sitten vaan että: "Tottahan toki, täytyyhän asia selvittää."

Anna kuitenkin tuntee tavallaan vastuuta pikkuveljestään ja vaikka minkä liemen lienee keittänytkään, on poikaa autettava. Ja Jussihan siellä odottelee vähän tietysti nolon oloisena, että kuinka pahana sitä isosisko mahtaa nyt olla. Mutta riemumielin Anna halailee ja todistaa, että velipoikahan se siinä on. Sitten ollaankin kohteliaita, kun sotaveteraani on oikeasti tämä mies. Tiedetään kyllä näistä sodankäyneiden monenkirjavista ongelmista, mikä liittyy siviilielämään palaamiseen. Luvataan tehdä pojalle uudet paperit ja sitten pääsee pois. Pientä huomauttamista on tietenkin siinä, kun ei ole tehnyt ilmoitusta paperien katoamisesta, niitä kun tiettyjä asioita silmällä pitäen varastetaan. Mutta tulihan asiasta jo lusittuakin ihan riitävästi, että sujut ollaan sen suhteen.

Anna sitten järjestää asioita hänelle ominaisella tarmollaan. Poika parkitaan, putsataan ja vaatteet vaihdetaan. Pitkät kertomukset on molemmilla viime vuosien tapahtumista ja Jussikin avautuu jutuistaan helpottuneena, kun huomasi päässeensä vähillä sapiskoilla toilailuistaan. Myöhemmin sitten Anna järjestää suhteillaan pojalle työtä talonmiehen apulaisena ja lukee madonluvut, että ruodussa pojan tulee pysyä. Anna ei tykkää viinan juonnista ja varoittaa Jussiakin pysymään erossa mokomasta myrkystä.

Hiilikellarissa

Talonmiehen apulaisena Jussi sai hommakseen huolehtia keskuslämmityskattilasta, ettei se pääse jäähtymään. Sen talven hän sitten melkein asuikin hiilikellarissa. Yötuurit kuuluivat automaattisesti apulaisen tehtäviin. Eikä siinä mitään. Aina kun Jussi jonkin asian lupasi hoitaa, se myös hoidettiin. Mikäpäs sitä oli talven kuluessa lämpimässä pannuhuoneessa puuhastella ja funtsailla omia juttujaan. Hän kehitteli tulevaisuuttaan, että keväällä hän lähtee takaisin kotiseudulle ja aloittaa uudella systeemillä elämänsä. Nyt hän ei lähtisi ikään kuin pakomatkanomaisesti. Yhdessä siskon kanssa, tämän suosiollisella luvalla kaikki tapahtuisi.

Uusi alku

Kevään korvalla auringon sulatellessa lumia ja vesien virtaillessa oli järvenselkä vielä jäässä. Pienen yöpakkasen kylvämät kristallihiput säkenöivät lakeuden valomeressä ja Verkkosaaren kallioilla teeret kukersivat soidinmahtiaan esitellen. Oli kaikkinainen elämän meno heräämässä talven horroksesta. Silloin kylään saapui varsin sutjakan oloinen nuori mies. Melkein kuin jokin herran ketale. Uusissa tamineissa hiukset suittuina antaen hiukan etäisen vaikutelman. Jussi siinä tuli vuosia kestäneeltä kiertomatkaltaan. Monenlaisten kokemusten kiemurat olivat jättäneet oman silauksensa hänen olemukseensa. Maailman liemien keitoksesta sukelsi myönteisesti puhdistunut mies.

Vaikka kaikenlaista oli kylänkin menossa tapahtunut, oli eräs asia entisellään. Varusmiesaikaisen kaverinsa kopeaksi ja ylpeäksi mainitsema Hilja-tytönen ei ollut suostunut lähtemään kenenkään matkaan. Kyllähän tyttäret Jussia salaa vilkuilivat supisten keskenään että: "On se vaan tuo Jussi sitten komia mies!" Hän ei moisia noteerannut, vaan kehitteli sisälleen rohkeutta, miten toimia kohtaamisestaan Hiljan kanssa, joka sitkeästi oli häilynyt mielessä läpi vaikeiden aikojen. Aivan uusi lehti alkoikin kääntyä hänen elämänsä kirjaan, kun tapaaminen viimein tuli eteen, eikä tytön käytöksessä kopeutta häntä kohtaan ilmennytkään.

Uittotöihin keräiltiin porukoita kasaan ja Jussin ei tarvinnut kuin ilmoittautua mukaan, niin työpaikka oli selvä. Rahaa pitikin päästä tienaamaan myös eräiden kullanhohtoisten esineiden hankkimista varten. Jussin sodan ja hirmutöiden keskellä häiriköitynyt sielunelämä alkoi vihdoin vakiintua kohti normaalia menoa.

He kävelivät käsi kädessä ohi tien varren suurien haapojen ja leppeä kesätuulen vire värisytti niiden lehtiä saaden helisevän soinnun leijumaan kuultavan taivaan sinen äärettömyyeen. Jussista tuntui kuin hän olisi kaiken tämän jo elänyt aikaisemminkin. Sitten hän muisti näynomaisen unen, jonka oli nähnyt junassa torkkuessaan matkalla tuntemattomaan. Pelko häivähti mielessä, ettei hän vain ollutkin siinä unessa jälleen ja kaikki olisi uudelleen edessä.

"Herää mies, etkö sinä kuuntele ollenkaan puhetta!" Hän näki vieressään iloiset nauravat kasvot ja silmät ymmärtäen olevansa oikeasti nyt tässä, eikä missään unessa. Huikaiseva ja outo hyvänolon tunne valtasi koko olemuksen. Sellainen, jota hän ei koskaan aikaisemmin ollut tuntenut. Västäräkki juoksi heidän edellään kärrynraiteiden välisellä kohoumalla pysähtyen välillä kääntyen katsomaan nappisilmillään ja vemputellen pyrstöään aivan kuin varmistaen, että tulevatko ne sieltä.

Loppusanat

Vuosia on kulunut talvisista pakkasilloista, jolloin pidimme istuntoja pikkukamarissa hiukan haikeissa tunnelmisssa. Nyt on hehkein kesä meneillään. Omanlaisensa sovellustien käyneenä, kun maalaispoika on kaupunkiin muuttanut, olen jo jotensakin asemoitunut aloilleen. Sen verran työn laidassa kiinni, että autonkin jo saanut hankittua. Sellaisen oudonlaisesti väärinpäin vinolla takaikkunalla varustetun Anglian. Nyt sitten piti lähteä ajelulle Keski-Suomeen katsomaan, miten siellä mökillä maa makaa. Aikaisin tien päälle ja aurinko punaisena pallona mollottaa koilisen taivaan laidalla kiiveten laiskansitkeästi ylöspäin.

Puolen päivän paikkeilla olenkin sitten jo perillä. Heti pistää silmään, kun heinää on niitetty portaiden edestä. En mene katsomaan tietystä piilosta avainta, vaan kokeilen suoraan ovea ja se onkin auki. Sisälle tullessani istuukin Jussi vanhalla paikallaan keinutuolissaan. "Täälläkös sitä mies istuskelee muina miehinä?", kysyn. Oli vähän olleet huononlaiset nuo yhteydenpidot. Silloin ei puhelimia ollut ja kirjeitäkään ei joutanut kirjoittelemaan.

Sen verran nyt oli kyllä tietona, että jo aikoja sitten Amerikasta saatu ihmelääke oli Jussin taudin kääntänyt parempaan suuntaan. Pitkään oli tilanne sellainen, ettei edes vierailuja sallittu aktiivisen tartuntavaaran vuoksi. Niinpä kun pääkaupunkiseudulle muutin ja oli omienkin tekemisten kanssa ajankulu ahtaalla jäivät asiat niin sanotusti herran haltuun.

"Täällähän minä, kun laskivat viimein vapaalle. Melkein terveen paperit on nyt. Mitä vähän tuota myrkkyä pitää vielä syödä", kertoilee Jussi. Siinä sitten jutustellaan niitä näitä lämpimistä ilmoista sun muuta. "Olet näköjään hommannut autonkin?" Jussi kysäisee. "No pitäähän se auto nykyään olla", totean hiukan ylpeästi. "Mitenkäs semmoinen juttu, kun puhuivat, että ovat oikein autotien rakentaneet sinne selän taakse, lähdettäis tuolla sinun autolla käymään siellä." Innostun heti asiaan ja tuumasta toimeen.

Päästäänkin melko lähelle autolla. Pienen kävelymatkan jälkeen kinttupolkua myöten ollaan rannassa. Siinä sitä näkyykin savutuvan sammaloituneita nurkkakiviä ja kiukaan jäännöksiä. Jussi esittelee paikkaa. Keittokodan paikkakin löytyi vielä, vaikka puita onkin jo kasvanut sinne tänne. Nauriskuoppa on ihme kyllä melkein kuin ennallaan säilynyt, ihmettelee Jussi. Edelleen mustikan varpujen puoliksi verhoamana. Niemen kärkeen lähtevästä polusta näkyy ura selvästi. Sitä kait vielä edelleen on kuljettu.

Nyt iltapäivän puolelle käännyttäessä on ilma kuumimmillaan. Aurinko porottaa hiukan maitomaisen autereen läpi. Lahti on peilityyni. Ahvenheinä kelluu vihreänä samalla paikallaan. "Olisipa onki ja vene, niin kokeiltaisiin vieläkö körrit asuu siellä", puhelee Jussi. Hissukseen kävelemme niemen kärkeen ja istumme kiville. Leppeät mainingit ajelevat toisiaan veltosti takaa. Etelässä pitkittäin katsottaessa siinä missä vesi kohtaa taivaan kaaren näkyy kirkkaana juova, jota muutamat saarten läntit katkoo.

Kuuntelen kuinka Jussi taas toistaa sitä ihmeellistä tapahtumaa lapsen elämässä, kun hän isän kanssa souti järven yli katsomaan suurta maailmaa ja maantietä. Hiljakseen puheet häipyy ja istumme ja mietimme tahoillamme kesäpäivän hivelevässä lämmössä elämisen merkillisyyttä. Hän varmaan menneitä ja minä enemmänkin tulevia.